Die Angst vor dem Himmel

Fleur Jaeggy
Die Angst
vor dem Himmel

Erzählungen
Aus dem Italienischen übersetzt
von Barbara Schaden

Berlin Verlag

Die Originalausgabe erschien 1994 unter dem Titel
La paura del cielo bei Adelphi edizioni s. p. a., Mailand
© 1994 Fleur Jaeggy
Für die deutsche Ausgabe
© 1997 Berlin Verlag
Verlagsbeteiligungsgesellschaft mbH & Co KG
Berlin
Alle Rechte vorbehalten
Umschlaggestaltung:
Nina Rothfos und Patrick Gabler, Hamburg
Gesetzt aus der Cochin
Druck & Bindung:
Freiburger Graphische Betriebe
Printed in Germany 1997
ISBN 3-8270-0186-2

Gedruckt auf chlor- und säurefreiem Papier

Inhalt

Ohne Schicksal   7

Eine Ehefrau   15

Ein Haus umsonst   31

Das Versprechen   41

Porzia   51

Die Zwillinge   69

Die eitle Greisin   87

Ohne Schicksal

Unterdessen empfand sie Haß. Marie Anne war den ganzen Nachmittag damit beschäftigt gewesen, Pflanzen zu beschneiden, mehr als nötig. Sie gibt ihrer Wut nach. Die Sauberkeit an erster Stelle. Das Erdreich war weich, es hatte geregnet. Und es schien schmutzig. Ihr Garten war ein Hinterhof, die Sonne drang nicht in die Erde vor. Unschlüssig stockt die Hitze bei der Umfriedungsmauer. Nichts Besonderes, dieser Garten. Feucht. Winters war er weiß. Schmutzigweiß. Im Frühjahr war er noch schmutziger, Kälte und Moder wollten aus diesem Flecken Erde nicht weichen. Im Sommer verdorrt er. Und die Jahre vergingen. Marie Anne sitzt im Garten und stößt den Kinderwagen mit dem Fuß bis an die Mauer, dann zieht sie ihn am Seil wieder zu sich. So hatte die Kleine ein wenig Bewegung.

Das Kind sah sich stumpfsinnig um. Marie Anne hatte sie gehaßt, seit sie auf der Welt war. Zwischen hundert Neugeborenen war sie aufgetaucht, ein kleines Schild daran, und das war dann ihre Tochter. Normal. Sie war nicht blind, sie hörte gut. Ihre Freundin Johanna wollte sie haben, die Kleine. Sie ist ein Mischling. »Wieso gibst du sie nicht mir, wenn du sie nicht magst?« Sehr beharrlich war Johanna gewesen. Und auch die Herrschaft, bei der Johanna diente – als Zimmermädchen –, hätte die Kleine gewollt. Wenn sie dir nicht gefällt, gib sie uns. Wir werden sie adoptieren. Marie Anne hatte sich das schöne Haus von Johannas Dienstherren angesehen. Und den schönen Garten. Die weißen Korbsessel, elegant und unbequem. Sie zeigten ihr sogar das Zimmer für die Kleine, ein Zimmer, das auf den Garten hinausging. Mit einem Bettchen wie aus Erdbeereis und Schlagsahne. Auch Spielsachen gab es, in einem anderen Zimmer. Die Spielsachen, die dem toten Mädchen von Johannas Herrschaft gehört hatten. Niemand hatte sie mehr angefaßt. Manchmal ließ die Mutter abends das kleine Pferd hin- und herschaukeln. Man kann nicht mit dem Spielzeug von Toten spielen, das sagte der Mann. Ein vernünftiger Mensch, er hätte selbst gern mit den Puppen seiner toten Tochter gespielt. Die Puppen lachten über dieses Paar, dem es nicht gelang, das Mädchen zu vergessen. Sie waren immer noch unversehrt. Das Mädchen hatte nicht die Zeit gehabt, ihre Gesichter zu zerschlagen, die Beine oder einen Arm auszureißen. Das bekümmerte die gnädige Frau: der mangelnde Verschleiß, so daß sie nichts reparieren konnte. Verfrühte Spielsachen. Auch die Puppenkleider waren intakt. Gebügelt. Und die Haare. Lauter kleine weiche Perücken in Schachteln. Blonde, schwarze, auch gelockte, wie Johannas Haar. Das Mädchen hatte sie nie gekämmt. Vielleicht tut sie es jetzt. In ihrem frivolen Grab kämmt sie Haare, unermüdlich wie die Loreley. So stellt die gnädige Frau es sich vor. Aber der Mann sagt, das sei unmöglich und sie solle so etwas nicht denken. Was im Grunde auch er dachte. Im Grab wuchs sein Mädchen heran, jetzt wäre sie fünf geworden. Und daß es ein Häufchen Staub war, das war ihm gleichgültig. Sie würden keine Kinder mehr bekommen. Und jetzt empfand er große Befriedigung, daß er Marie Anne das Zimmer seiner Tochter zeigen konnte. Marie Anne betrachtete alles, starrsinnig und verblüfft. Sie sprach ihr Lob aus und fand sich großmütig, sie meinte, es müsse der gnädigen Frau eine Freude machen, wenn jemand ihr sagte, wie schön sie das Zimmer ihrer toten Tochter ausstaffiert hatte. Auf der Tapete rote Kirschen und weiße Iris mit Blättern. Auch ein Tischchen mit Spiegel stand da; darin hätte das Mädchen sich betrachten sollen, während Johanna ihr die Haare flocht. Alles war so eingerichtet, als wäre sie bereits ein junges Fräulein. Im Schrank hingen noch die Kleider des Mädchens. Alle rosa. Unten standen die Schuhe, bereit zu laufen. Manche waren weiß. Andere aus blauem Kalbsleder. Im oberen Fach lagen kleine Strohhüte. Es war Sommer. Johanna litt so sehr unter der Hitze, daß sie nicht mehr arbeiten konnte. Abends vor dem Schlafengehen stand sie mit gespreizten Beinen vor dem Fenster. Auch die Wiese schwitzte. Aus der Ferne drangen Stimmen, und auch sie schienen schweißüberströmt. Der Himmel war farblos. Wenn es sehr heiß ist, sieht er aus wie ein verseuchtes Laken, und in dem verseuchten Laken erblickte sie böse Vorzeichen. Aber dann fiel sie fast augenblicklich in einen schweren Schlaf. Ihr Leben gefiel ihr nicht besonders. Marie Anne sagte, das sei deshalb, weil sie die Männer nicht mochte. Johanna wollte nichts anderes als den Fußboden schrubben, Stunde um Stunde, mit gekrümmtem Rücken, und dann schlafen. Sie sah noch gut aus. Es gab nichts, was ihr wirklich Vergnügen machte. Vielleicht lag es an ihrer Herrschaft. Weil sie beide trauerten und ihre Trauer verheimlichten. Wenn Johanna sie bei Tisch bedient, heucheln sie Fröhlichkeit. Man braucht nicht zu lachen, um so zu tun, als sei man nicht traurig, dachte sie. Sie waren nie ausgelassen. Ihr Lachen ist pädagogisch. Wenn sie, Johanna, lacht, dann aus vollem Hals. Als Marie Annes Kind zur Welt kam, lachte sie vor Freude. Alle in der Klinik hörten sie. Aber Johanna war nicht Marie Annes Ehemann. Obwohl sie einmal miteinander im Bett gewesen waren. Johanna konnte Marie Anne kein Kind machen. Vielleicht war alles passiert, nachdem Marie Anne mit Johanna im Bett gewesen war. Gegen Morgengrauen verließ sie das Haus und ging spazieren. Und neun Monate später lachte Johanna im Krankenhaus. Neun Monate waren vergangen. Sie fühlte sich als der Vater. Als Marie Anne sagte: »Ich will sie nicht, nehmt sie fort«, lag das Kind in ihren Armen, wohin eine Schwester es gelegt hatte. Johanna war daraufhin auf die Idee gekommen, Mutter und Vater zugleich zu sein. »Gib sie mir, gib mir das Mädchen«, hatte sie immer wieder gedrängt. Und jetzt drängte auch ihre Herrschaft und ließ nicht nach. Johanna begriff, daß die Herrschaft die Oberhand gewinnen würde. Das Mädchen würde eine reiche und ehrbare Tochter werden und Johanna ihre Zofe, wie sie es für das tote Mädchen gewesen war. Marie Anne sieht sich um und findet das Zimmer nach ihrem Geschmack. »Sicher«, sagte sie, »es wäre das Richtige für mein Mädchen.« Und dachte dabei an das Zimmer, in dem ihre Tochter schlief, das beengt und fensterlos war. Aber wenn man die Tür offenließ, fiel durch das Küchenfenster ein wenig graues Licht herein. Johanna hatte ihr die Wiege, die Hemdchen und alles andere geschenkt. Johanna betrat die Geschäfte und fragte nach Wäsche für ihre Tochter: »Denn wissen Sie, ich habe vor ein paar Tagen ein

Kind bekommen«, erzählte sie. Die Verkäuferinnen machten ihr Komplimente und beglückwünschten sie. Sie kaufte nur erstklassige Ware und kehrte stolz zu Marie Anne zurück, die den ganzen Tag damit zubrachte, in ihrem Garten Pflanzen zu beschneiden – und zu fluchen.
Johanna hatte Angst vor dem Himmel, wenn sie diese Verwünschungen hörte. Sie drückte die Kleine an sich. Um sie vor dem Himmel zu verstecken.
Johannas Herrschaft lud Marie Anne häufig ein. Sie wurde zum Essen gebeten und benahm sich beinahe wie eine Dame. Sie beobachtete, wie die gnädige Frau sich bediente, und tat es ihr gleich. Liebenswürdig lächelte sie den Gatten der gnädigen Frau an, erzählte ein wenig von sich und verschwieg das Schlimmste. Johanna hatte ihr auch Abendkleider geschenkt. Schwarze, gut geschnittene Kleider. Eines Tages schenkte der Gatte der gnädigen Frau ihr eine Perlenschnur, und an einem anderen Tag erhielt sie von der gnädigen Frau ein goldenes Armband mit einem Diamanten. Lauter Dinge, die dem toten Mädchen hätten gehören sollen. Aber jetzt mußte man die Mutter eines Mädchens schmücken, das lebte und ihre eigene Tochter werden könnte. Denn es sah ja so aus, als würde Marie Anne ihre Kleine abtreten. Die im Garten im Kinderwagen lag, mit einem Tritt angeschoben und mit einer Schnur zurückgeholt wurde. Das Mädchen konnte sich gar nicht vorstellen, welch strah-

lende Zukunft sie erwartete. Ihre stillen Augen waren, schien es, ins Leere gerichtet, unerträglich. Es war noch zu früh. Wahrscheinlich. In diesem Alter denkt man noch nicht an sein Schicksal.
Weitere Monate vergingen. Marie Anne wurde mit immer mehr Geschmeide behängt. Johanna sagte jetzt nicht mehr: »Gib mir deine Kleine.« Diese Kleine war inzwischen ihrer Herrschaft versprochen. Sie sah zu, wie die Herrschaft Marie Anne umarmte, mit Tränen in den Augen. Zu dritt betraten sie das Zimmer mit den Spielsachen, hockten sich nieder und begannen zu spielen. Marie Anne saß rittlings auf dem Rücken des Gatten, und die gnädige Frau stand lachend daneben, eine Puppe in der Hand wie eine Hellebarde. Johanna brachte ihnen zu trinken. Sie feierten. Sie stülpten die Perücken über die Gläser. In dieser Nacht waren die Spielsachen kein Totenkult mehr, sondern Puppen, die man mit sanfter Freude ausweiden, zerstören konnte. Sie zogen sie an und aus, auch die gnädige Frau legte ihr Kleid ab. Sie spielten Glücklichsein. Das Glück war schneidend wie eine glühende Klinge. Sie drückten einander die Hände, um den Pakt zu besiegeln. In Marie Annes Blick stand Triumph. Sie gab ihr Ehrenwort. Den Herrschaften ins Angesicht. Es war ein Frühlingstag, und es war spät geworden. Marie Anne war nicht gewohnt, soviel zu reden, sich so lange aufzuhalten. Für sie war Fluchen der Anfang des Wortes. Und der

Schöpfung. Jetzt hat Marie Anne ein Versprechen gegeben. »Mein Mädchen wird Ihnen gehören.«
Das Pferdchen schaukelte noch im Morgengrauen. Johanna versicherte, es habe tagelang geschaukelt. Die Puppen hingegen saßen reglos und starrten es an.
Zu Hause ging Marie zu ihrem Kind. Es schlief. Sie betrachtete es lange. Am anderen Morgen trug sie es in den lehmigen Garten hinaus, in dem es nichts mehr zu beschneiden gab. Marie Anne hielt die Schere in der Hand und wußte nicht, gegen wen sie sie richten sollte. Sie sah ihr Kind an. Es wird kein schönes Schicksal haben. Ich werde es nicht diesen Herrschaften überlassen. Es wird kein schönes Zuhause haben. Weshalb sollte diese Kleine, die sie haßt, ein besseres Leben haben? Sie schrieb einen Brief an Johannas Herrschaft. »Ich habe es mir anders überlegt. Es war ein Scherz.« Grüße. Die gnädige Frau erhängte sich fünf Minuten später. Wie das Pferdchen schaukelte ihr Körper hin und her.
Das Mädchen ist herangewachsen. Marie Anne haßt sie. Gestern ist sie mit ihrer Tochter an der Villa der Herrschaften vorbeigegangen und hat ihr alles erzählt. Sie war diesem Haus versprochen. Das Mädchen ist jetzt fünfzehn und geht oft an dem Haus vorbei. Die Leute sagen, sie sei ein bißchen stumpfsinnig. Aber das stimmt nicht. Sie sieht sich nur ihr Schicksal an. Genauer gesagt, sie sieht sich an, wo ihr Schicksal vorübergegangen ist.

Eine Ehefrau

Es war eine wohlbeschaffene Ehe. Die Rueggs lebten auf dem Land, sie besaßen eine Viehzucht. Gretel war eine besonnene Frau. Mag sein, daß sie in jungen Jahren, ehe sie heiratete, eine gewisse Neugier auf die Welt empfunden hatte, die freilich bald verebbte. Im Lauf der Zeit war sie ihr abhanden gekommen. Da war das Vieh, vor allem anderen, dann kamen drei Mädchen zur Welt. Alle zwei Jahre eines. Pünktlich. Mit fünfunddreißig war Gretel eine stolze Mutter. Die Tiere warfen, und auch sie hatte geboren. Aber während das Vieh gleichgültig gegen sein Schicksal schien, fürchtete Gretel sich davor. Ein Schatten hatte sich auf sie gelegt und peinigte sie, das Glück war dahin. Beim Anblick der Mädchen in der Wiege hatte der Mann sich die starken und breiten Hände vors Gesicht

geschlagen. »Das ist ein Fluch«, hatte er gerufen, und auch beim dritten Mal: »Das ist ein Fluch!« Alle hörten seine Verwünschungen, die Arbeiter, das Vieh und das Land. Wie ein unheilkündender Wind, der das dürre Gestrüpp zu Kronen verweht, trug die Stimme des Fluchenden bis zur tschechischen Grenze. Es war die Stimme von Otto Karl Ruegg.
Die Landschaft gab keine Antwort auf seine Verwünschungen, die Stimme irrte über die Ebene und verstummte. Das Vieh zuckte mit den Ohren, gereizt von dem Schrei. Eine alte Magd, die noch Ottos Vater gedient hatte, lächelte, nicht mit dem Mund, sondern mit den Augen. Es war ein merkwürdiges Aufblitzen, das ihre vertrocknete Haut belebte und ihr eine unerwartete Leidenschaft verlieh. Sie sprach Ottos Gattin als »gnädige Frau« an. Vom ersten Tag an hatte sie eine Abneigung gegen sie empfunden. Sie war weiß gekleidet, eine üppige, aufgeputzte Bäuerin mit milchiger Haut, Blumen und Nadeln im Haar. Die Schleppe gleitet über die frisch gedüngte Erde. Die Herrschaften tanzten. Auch die Burschen tanzten, und sie, die treue Magd, saß auf einer Holzbank. Zu dem Anlaß trug sie ein Kleid, das Ottos Mutter ihr geschenkt hatte und das ihr bis auf die Knöchel reichte. Die Füße in den schwarzen Schuhen mit Schleifen standen ordentlich nebeneinander. Die Arme hielt sie verschränkt. Die Arme hielt sie doppelt verschränkt.

Gegen Abend half sie der Gnädigen beim Auskleiden. Das Brautzimmer war voller Blumen und roch abscheulich. Durch das Fenster sah man den Viehpferch und die Ebene. Die alte Magd nahm das Brautkleid und trug es fort und preßte die eitle und verdorbene Spitze fest an sich.
Sie könne sie Gretel nennen, sagte die Gnädige. Und wenn die Alte erlaube, könnten sie einander duzen. Sie faltete die Hände, hingerissen von ihrer Ehe. Sie hatte soviel Glück! Gretel wollte die alte Magd umarmen. Sie stand mit gefalteten Händen, vielleicht wagte die Magd nicht, sie zu duzen, doch Gretel flehte, besorgt und selig. Otto habe ihr soviel von ihr erzählt. Die Alte musterte sie ungerührt. Von der vorhergehenden Generation hat sie in diesem Haus Befehle erhalten, aber niemals eine Seligkeit mit der Herrschaft geteilt. Um Glück und Seligkeit wurde damals nicht viel Aufhebens gemacht. Zum Gehorsam gegenüber der Herrschaft gehörte auch die Pflicht, sich mit ihr zu freuen, wenn es dazu einen Anlaß gab, und sie hatte sich ein paarmal gefreut. Als Otto Karl, der erste und letzte Sohn zur Welt kam. Sie hatte sich über das erste und letzte Kind gefreut. Die Mutter starb bei der Geburt. Und die Alte wurde zum Schatten der Verstorbenen. Wenn die Toten unbefriedigte Wünsche hinterlassen, dürfen die Schatten sich ihrer bemächtigen. Sie selbst sorgte dafür, die besten Brüste im Land zu finden, damit Otto Karl gestillt würde.

Die Jungvermählten brachen zur Hochzeitsreise auf. Die Alte entfernte alle Blumen aus dem Zimmer, warf sie auf einen Karren und fuhr sie zum Friedhof. »Das sind die Blumen von der Frau deines Sohnes, mach damit, was du willst.«
Blumen bleibt nur, zu verfaulen, nicht anders als den Menschen. Mit den Menschen wetteifernd, haben die Blumen es eilig, vergessener Staub zu werden, dachte die Alte. Die Toten wissen schon, was sie mit den abgelegten Blumen auf den Grabsteinen anfangen sollen. Sie verstehen es, ihren Spender zu belohnen. Sie wissen sich für die Gaben zu rächen. Sofern sie ihnen nicht willkommen sind. Über ein nutzloses Gebet können sie sich freuen. Oder über ein Bedauern. Nichts hat soviel Macht und Kraft wie das, was vergeblich ist.
Vor dem Grabstein stehend, hielt die Magd ihre Gedanken an Zügeln aus Seil und meinte, auf einem Pferd zu sitzen. Sie ritt nach Böhmen, woher ihre Vorfahren stammten, ein Jagdhund und ihre Amme. Und der Wind. Lange, eisige Winter und die fatale Geometrie des Weiß. Senkrechte Linien ragten auf wie die Überreste von Kreuzen und krümmten sich alle zugleich, sobald der Wind seinen Sinn änderte. Der Wind biegt die Kreuze. Es gab Stürme, Schlamm und Sümpfe, als verzauberte eine laue, schwefelhaltige Brise die Verirrten.
Dann setzte die Magd sich auf den Stein und beschrieb die Braut. Sie lobte ihre Schönheit und ihre

Haltung. Sie pries ihre Hüften und ihren Bauch, die Güte der Haare und der Zähne. Sie senkte die Lider. Mit den Händen erläuterte sie Gretels Aussehen, das sich ihrem Blick tief eingeprägt hatte. Ihre Gesten waren flink wie die einer Taubstummen. Am Ende legte sie das Bild, das sie heraufbeschworen hatte, auf dem Grabstein nieder. Wolken verdunkelten den Himmel, und ein Vorübergehender wäre vielleicht auf den Gedanken gekommen, jemand habe eine Tonfigur hier vergessen. Sie verabschiedete sich von der Herrin, der Frau, die sie kaum gekannt hatte. Sie war so jung gewesen, war nur ins Haus gekommen, um ein Kind abzulegen, mehr verlangte sie nicht. Sie waren erst kurz verheiratet gewesen, sie hatte nicht diesen überschwenglichen Jubel zur Schau getragen, diese Krankheit, die das Glück ist. Sanftmütig breitete sie ihre Hoffnungen aus. Und die Magd spannte das Laken.
Die Hochzeitsreise der Eheleute Ruegg dauerte nur wenige Tage. Otto Karl war unruhig, er hätte schon nach der ersten Nacht heimkehren wollen. Die Gattin neben sich im Bett, hielt er die Umarmungen für ein Zeichen von Faulheit. Seine Frau schlief jetzt, er legte seine Hand auf ihren Nacken, in den er kurz zuvor gebissen hatte. Er schmiedete Pläne. Er wollte ein Schlachthaus.
Am nächsten Morgen brachte man ihnen das Frühstück ans Bett. Es war ein üppiges *petit déjeuner* mit einem Blumenstrauß, Käse, *scrambled eggs, cervelas*

und *cake*. Es war im Zimmerpreis inbegriffen, für Hochzeitsreisende alles inbegriffen. Und falls es dem Paar nicht reichte, konnte man nach Belieben und ohne Aufschlag nachbestellen. Das Ganze sollte sieben Tage dauern. Soviel essen, wie man wollte. Die Tage für das Paar im voraus verplant. Er setzte seiner Frau die Vorteile eines Schlachthauses auseinander. Er konnte es sich leisten. Es war für die Zukunft, für seine Söhne. Für ihre Kinder, gezeugt in einem dieser Hotelzimmer für hochzeitsreisende Paare, die nichts anderes zu tun haben. In den großen Kühlschränken in der Küche lagern die Portionen für die Paare, sie halten sich lange frisch. Es sind fast nur deutsche Paare. Jeden Abend gab es ein anderes, exotisches Menü, begleitet von der authentischen Musik des jeweiligen Herkunftslandes. Die mexikanische Nacht. Wer mag, kann sich einen Sombrero aufsetzen. Oder die Nacht von Shanghai. Oder Spanien. Italienische Nacht. Den deutschen Paaren gefielen diese Zerstreuungen, nachdem sie gegenseitig ihre Körper in Besitz genommen hatten.

Auf dem Heimweg verbrachten die Rueggs noch eine Nacht in München, im Vier Jahreszeiten. Sie gingen zu Bett. Der Ehemann küßte sie, nicht eigentlich mit Leidenschaft, sondern mit einem schweren, dumpfen Drängen. Bevor er einschlief, nannte er sie »Herrin«. Sie spürte die ganze ursprüngliche Intensität dieses Wortes, eine Macht,

die ihrem Körper zuwuchs, ihn umfing und das dunkle Zimmer ergriff, die Vorhänge an den Fenstern, die aussahen wie aus Zink. In diesem Moment hätte sie empfangen wollen. Während Ruegg, beinahe schlafend, das Wort »Herrin« aussprach.
Die getreue Alte erwartete sie vor dem Haus. Aus der Ferne erschien sie wie eine Urne, klein, düster und würdevoll. Gretel stand jeden Morgen um halb sechs auf. Aber die Magd war bereits in der Küche und hatte für alle gedeckt. »So früh, gnädige Frau?« fragte sie. »Warum ruhen Sie sich nicht aus? Das brauchen Sie.« Gretel schonte sich nicht mehr, sie trug derbe Schürzen, an den Füßen schwere Schuhe, die Strümpfe um die Knöchel gerollt. Sie hatte einen unruhigen Blick. Einen Blick, der über den Zustand des Hauses wachte. Den inneren Zustand dieses vollkommenen Hauses. Sie muß auf die Sittlichkeit der Burschen achten. Und wird unruhig, wenn sie einen lachen sieht. Denn auf diese hinterlistige Weise lachen sie nur über Dinge des Geschlechts. Nur das vermag diese Jungen mit ihrer lauernden, verschlagenen Miene zum Lachen zu bringen. Wenn ein Thema sie interessiert, hat es mit dem Geschlecht zu tun. Davon war sie überzeugt.
Und die Töchter hatten angefangen, miteinander zu tuscheln, und sie mußte wachsam sein. Die alte Magd, der nichts entging, sagte der gnädigen Frau, sie möge sich keine Sorgen machen. Das sei die Natur. Sie rauften mit den Burschen. Otto Karl sah

ihnen zu und sagte zu seiner Frau: »Schau, wie sie zuschlagen können, deine Mädchen.« Und sie schlugen fest zu, diese kräftigen Mädchen. Schon als kleine Kinder prügelten sie sich und schlangen die Beine um die Rücken der Jungen. Gretel griff zur Wasserpumpe und schüttete einen wütenden Schwall über ihre Körper, als tränkte sie einen verdorrten Wald.

Gretel bekam Migräne. Während die Töchter heranwuchsen. Sie prüfte den Diwan im Salon, die Kissen mußten steif sein. Besorgt suchte sie das Land, die Wiesen, die Heuschober, die Lastwagen ab, alles, wo die Mädchen sich hätten niederlegen können. Sonntags durften sie den ganzen Tag unterwegs sein. Manchmal kamen sie erst spätabends zurück. Sie wartet. Mustert ihre Gesichter. Die Mädchen haben leuchtende, verschleierte Augen und stinken nach Bier. Nachts trat sie in ihr Zimmer und betrachtete die Schlafenden. Was taten sie mit ihren Körpern, wenn sie vorgaben, sich mit den Burschen zu raufen? Die Alte bedrängte die Gnädige, sie solle sich ausruhen, sie müsse nachts schlafen, nicht umherwandern. Die Natur folgt ihrem Lauf, ihren Neigungen. Schwüle im Zimmer, der Pferch ist leer, im Haus herrscht Schweigen. Das Haus wird von den Instinkten beherrscht, nur davon. Das gab Gretel zur Antwort.

Eines Abends nach dem Essen hatten alle viel Bier getrunken. Ausnahmsweise hatte auch Gretel ange-

fangen, zu scherzen und Anspielungen zu machen. Sie hatte die Schürze abgelegt, und in ihrem hautengen Kleid sah sie noch immer aus wie eine gute Färse. So sagte Otto Karl. Wobei er sie anstieß und im Kreis drehte. Dann ging Gretel auf den Rhythmus ein und drehte sich allein weiter. Die Jungen klopften mit den Knöcheln auf den Tisch, und Gretel stampfte mit den Füßen im Takt. Den Kopf gesenkt, kam sie immer mehr in Schwung. Sie fühlte sich leicht, es schien ihr, als wären alle Körper von Leidenschaft und Sünde entleert. Der Herr amüsierte sich, sagte, er habe sie nie so fröhlich gesehen, er sah in seiner Frau die Färse, die bald geopfert würde. Er hob den Bierkrug und brachte einen Trinkspruch aus: »Auf den Tod.« Die Frau wiederholte wie ein Echo: »Auf den Tod« und trank in großen Zügen. Die Jungen klopften mit den Knöcheln, und sie drehte sich hingerissen in ihrer Mitte.
Die Burschen waren jung, sie liebten die Tiere, die sie schlachteten. Sie wollten ihnen Leiden ersparen. Mit ungefähr dreizehn erlernten sie das Handwerk. Ihre Hände sagen mehr als ihre Gesichter oder farblosen Augen. Die Gehirne sind hinter den Händen ein wenig zurückgeblieben. In ihren Köpfen herrscht eine merkwürdige Sehnsucht, etwas Unwirkliches, Seichtes, Betörendes. Otto stellte sie ein, schon erwachsene Kinder, ihm gefiel dieser ernste Blick, vielleicht dieser Nebelschleier, der sich

im Gehirn gehalten hatte, diese Langsamkeit, eine schwere Langsamkeit, die mit der Gewandtheit der Hände nicht Schritt halten konnte. Ihm gefiel dieses Stirnrunzeln, wenn er Befehle erteilte oder wenn er erklärte. Männer waren sie, bartlos, manche mit rasiertem Kopf. Die Jugend dieser starrsinnigen und gefügigen Schädel. Für das Vieh hegen sie brüderliche Gefühle. Otto Karl achtete Brüderlichkeit und maß ihr höchste Bedeutung bei. Die Knöchel klopfen auf den Tisch. Schon seit Jahren, scheint ihm. Seitdem er die Mädchen in der Wiege gesehen hat. Sein Geist streift durch einen dämmrigen Bereich, der ihn berauscht. Dieser zwanghafte, anregende, brüderliche Rhythmus, als wäre er eine einzige Stimme, ein einziger Gedanke, ähnlich einem kranken Trommelwirbel.

»Zum Teufel«, dachte seine Frau. Und der Teufel, mit dem sie hätte tanzen wollen, war eines der frischgeschlachteten Kälber, das mit Ohrringen auf einem goldenen Thron saß. Zum Zeichen ihrer Demut küßte sie ihm die Hufe. Nach dem Todesstoß fuhren die Tiere zum Himmel auf, während sie fröhlich war und sich noch als schöne Färse fühlte. Das hatte ihr Mann ihr gesagt, vor den Jungen: daß sie eine schöne Färse sei. So sei es. Er hat sie nicht gedemütigt. Sie war etwas Tierisches, das tanzte, sie spürte, wie das Tier sie einschnürte wie ein Korsett. Es war Raserei und Auflösung, es zertrat die Zeit, atmete den Takt, folgte dem lautlosen Schritt

der Katastrophe. Sie empfand innige Liebe zu ihresgleichen, diesen Kreaturen, die glücklich, beschaulich, weise gewesen waren, ehe sie Schlachtvieh wurden. Manchmal nervös. Gefügig. Sie hatte sie gestreichelt. Sie hatten, wagt sie zu denken, den Todesstoß schon erlebt.
Die Jungen sehen aus wie eine Intarsie in der Holzwand. Bayerische Novizen, sentimental und barbarisch. Eine trunkene Stumpfheit beherrscht sie und verschließt ihre Gesichter. Geschwungene Lider. Gretel würde gern einen von ihnen opfern. Mit der Rechten hoben sie die Bierkrüge. An einem Feierabend. Sie würde ihrem Mann zeigen, daß sie zu töten versteht. Sie steht ihnen allen in nichts nach. Man sollte keine Frauen verfluchen, die nur Mädchen gebären. Nur weil sie als Erwachsene nicht denselben Beruf wie ihr Vater ausüben. Ihre Töchter können sich für das Schlachthaus nicht begeistern. Sie sind von zu Hause fortgegangen. Dorothea, die Älteste, hat ihren Familiennamen geändert, sie trägt jetzt einen hebräischen Namen. Nicht mehr Fräulein Ruegg. Sie ist nach Umbrien gezogen. Die zweite, Roseli, lebt in Berlin mit einer Striptease-Tänzerin zusammen. Und die dritte schweigt. Es stimmt, der Schlachter wird keine Erben haben. Gretel fühlt sich allein, sie hätte gerne Enkel. Es gibt nichts Besseres als sich fortzupflanzen. Sie und die Tiere wissen das. Wie entzückend waren ihre Töchter in der Wiege. Die ziemlich

großen Köpfe, die spärlichen Haare, die roten Flecken auf der Haut. Von der Garnwinde hing der Flachs herab, sie hatte die Initialen ihrer Namen gestickt. Die Initialen von Namen, die auf ihren Verfall warteten.
Sie wünscht eine gute Nacht. Finsternis dem Gatten, der sie mit befriedigten Schlitzaugen ansieht. Die Jungen stehen auf. Ihre Schritte auf der Holztreppe sind nicht zu hören. Es ist Winter. Der Schnee deckt das Land zu, er ebnet die Erde in panischem Schlummer ein. Vielleicht kann die Bäuerin Ruegg sich nur an den letzten Wahrheiten freuen. Wie die winterliche Landschaft, hinweggerissen in einen engelhaften, uralten Frieden, sind ihre Gedanken unter dem Frost begraben. Wortleere Gedanken. Sakrale Reglosigkeit.

Der Erzähler befand sich in Zürich und las die *Neue Zürcher Zeitung*. Um drei Uhr nachmittags an einem Novembertag sollte die Beisetzung eines herausragenden Fleischhauers stattfinden. In der Todesanzeige stand, die Familie sei jäh und unverständlich vom Schicksal auf eine harte Probe gestellt worden. In seiner Einfachheit stach das Wort »jäh« neben dem Wort »Schicksal« hervor. Ein kurzer Laut, unwiderruflich. Typographisch elegant in seiner Erscheinungsform. Der Erzähler hatte eine Geschichte über einen Fleischhauer und seine Frau geschrieben, doch der Schluß überzeugte ihn nicht. Vielleicht ist es gut, zur Beerdigung eines Metzgers zu gehen, dachte er. Der Gasthof an der Limmat war nicht weit vom Fraumünster entfernt. Sein Zimmer ging auf den Fluß hinaus. Nachts betrachtete er die schlafenden Schwäne auf dem Wasser. Am Tag darauf stand er wenige Minuten nach drei vor der Kirche, die bereits voll war. Eine Frau ließ ihn nicht eintreten. Doch über eine kleine Treppe konnte man zur Orgelempore hinaufsteigen. Auch hier drängten sich die Leute. Aus schierer Ungeduld hatte man den Gottesdienst früher beginnen müssen, zwei Minuten vor drei. Pünktlichkeit war bereits eine Verspätung. Der protestantische Pfarrer hielt seine Predigt, jedes Wort deutlich artikuliert. Ein lokaler Akzent, die dialektale Färbung war zu hören. Er hatte vom Leben des herausragenden Fleischers erzählt, von seiner Ehe, seiner Laufbahn. Von seinen Kindern. Beim Blick auf den Altar, der nicht vorhanden ist, begreift man, daß man einer Beerdigung erster Klasse beiwohnt. Der Pfarrer fragt sich, ob der Beruf des Verstorbenen (die Abschlachtung von Tieren) mit dem christlichen Leben vereinbar sei. Die Frage bleibt unbeantwortet: der Pfarrer geht sofort zum nächsten Punkt über. Zahlreiche Verdienste habe der Fleischhauer sich erworben. Waise mit achtzehn Jahren, habe er sich mit Eifer in die Arbeit gestürzt. Die Verwandten und Freunde brauchten nicht traurig zu sein, der Schmerz bringe Erleichterung. Der Schmerz ist Erleichterung. In der vollkommenen Stille der Kirche ermahnte der Pfarrer alle Anwesenden von seiner Kanzel herab, Erleichterung zu finden. Sich mit dem Schmerz zufriedenzugeben. Die ihm zugewandten Gesichter waren ernst, zerknirscht, ein wenig abwesend. Ein Anschein von Leere in ihren verschlossenen Blicken. Das Gesetzte dieser Leere. So ungerührt waren sie, daß sie wirkten, als hielten sie den Atem an. Die Verwandten saßen vor der Menge und bildeten gemeinsam mit der Bahre den Altar. Es gab kaum Blumen, als hätten einige sich verflüchtigt. Der Erzähler hatte in einer Ecke Platz gefunden, neben den Heizungsrohren. Er versucht, seine Nachbarn zu beobachten. Sie sind mit Sorgfalt gekleidet. In Grau. Das eine oder andere vornehme Profil. Nervöse Ruhe. Strenge, schwere Würde. Ob sie alle Metzger waren, fragte er sich. Eine kleine Gruppe stand auf und begann zu singen. Im Kreis. Schöne, sanfte Stimmen. »Es gibt keine Träume mehr.« Die Stimme des Pfarrers schien ferner, so fern, wie die Worte »Schmerz« und »Erleichterung« zu sein scheinen. Sie haben ihre Gestalt verloren. Und auch die Zeit steht still. Die Kirche war in die Gefühllosigkeit erloschener Gedanken gehüllt. Was an diesen Gesichtern auffiel, war eine Losgelöstheit und Abkehr, die tief und atavistisch war, aber nicht gefügig. Der Tod rührt nicht. Er gehört zur Ordnung der Dinge. Die wilde Heimlichkeit der einfachen Dinge. Wenn sie derart ungerührt sind, dachte der Eindringling, der Erzähler, der immer noch einen Schluß für seine Geschichte suchte, dann vielleicht deshalb, weil sie die Worte und ihre Variationen verurteilen. Sie betrachteten das Wesentliche, diese hochmütigen Augen. Sie betrachteten, so schien ihm, mit leidenschaftlicher Zurückhaltung das nicht Sichtbare. Beim Klang der Jagdhörner wurde ihr Blick aufmerksam. Vorsichtige Schimmer. Sie hoben die ruhigen Lider. In der gotischen Kirche, kahl in ihrer asketischen Leidenschaft, reiner Stein, zum Himmel gewandt, hallte der so menschliche Klang der Hörner als kurzer Jubel in ihrem Geist wider.

Der Erzähler suchte weiterhin nach einem Schluß für seine Geschichte. Schlüsse müßten verschwenderisch sein. Vielleicht. Diese prachtvolle Beerdigung hätte ihm hilfreich sein können. Sie half ihm nicht. Der Klang der Jagdhörner war es, der Ruegg nicht sterben ließ. In ihrer Verzweiflung wird Gretel Befriedigung finden. Lassen wir sie die Schneelandschaft betrachten. In ihrer sakralen Reglosigkeit. Ein letztes Detail: der Fleischhauer hieß Angst.

Ein Haus umsonst

Die Hausbewohner werden aufgefordert, verderbliche Speisen aus der Küche zu entfernen und die Kammerjäger in die Zimmer zu lassen oder die Schlüssel abzugeben. Der Zettel im Hauseingang ist gut sichtbar. Darauf steht: Die zur Entwesung des Hauses von Kakerlaken eingesetzten Chemikalien sind für Menschen und Haustiere unschädlich. Das Haus ist nicht weit vom See. Dem Genfer See. Es hat vier Stockwerke und ist zartrosa gestrichen. Auf der gegenüberliegenden Straßenseite steht das Gebäude einer evangelischen Gemeinde, ein Ziegelbau mit Gitterstäben, umgeben von einer niedrigen Mauer und einer Hecke. An der Mauer, dort, wo der Schatten hinfällt, lehnt ein schwarzer Mann. Es ist ein Apriltag, feucht und heiß. Die Sonne zögert, sie verharrt auf dem rosa-

farbenen Haus. Alle kennen die Frau, die über die Straße geht. Auch der Mann an der Mauer nimmt die Mütze ab. Er betritt das fromme Haus nicht, er bleibt lieber draußen. Im Schaukasten am Tor begegnet er Tag für Tag den Worten: »Ewiger Vater, du prüfst mich und kennst mich, du weißt, wann ich mich setze und wann ich aufstehe.« Johnny hält den Schaukasten sauber. Er beobachtet die Passanten. Er sortiert den Müll der Protestanten in Säcke. Sie sind bescheiden im Verbrauch und in der Erzeugung von Abfall. Sonst hat er nichts zu tun. Auch er ist ein Schützling von Herrn Heber. Auch er ist einer von jenen, denen die Bürgerrechte entzogen sind. Das heißt nicht, daß es ihm an Freiheit mangelt – er kann den ganzen Tag und die ganze Nacht durch die Gegend streifen. Er gilt lediglich als einer, dem die Fähigkeit zu vernünftigem Handeln fehlt. Und das bedeutet, daß er nach Auffassung der Behörden keine Einsicht besitzt. Er lächelt Frau Heber zu, die beinahe jeden Tag hier vorbeikommt. Die Dame besitzt Einsicht, auch wenn auf den ersten Blick zwischen ihr und ihm kein großer Unterschied zu bestehen scheint. Es ist eine würdige Dame um die Sechzig, robust, mit Bürstenhaarschnitt. Mit Tasche und Netz geht sie aus, und der Mann weiß, daß Frau Heber vorgibt, einzukaufen. Auch türkische Arbeiter lehnen an der Mauer.
»Guten Morgen.« – »Johnny, sonnen Sie sich ein bißchen?« Johnny stand im einzigen Schattenbe-

reich an der Mauer. »Warum gehen Sie nicht am See spazieren? Es gibt jetzt überall Eis.« Das Eis ist ihm zu bunt. Johnny mag kein Eis, und Frau Heber weiß sehr gut, daß er kein Geld hat. Sie geben ihm sein bißchen Essen, das er mit dem eingesammelten Müll aufbessert, und sein Logis ist frei. Dank Herrn Heber darf er umsonst wohnen. Alle wohnen sie hier, in dieser Straße, in diesem vierstöckigen Haus mit Aufzug. Ein Stück weiter zum See hin steht ein großes Hotel mit schräggestellten Fenstern, so daß die Gäste auch in den seitlichen Zimmern immer den See sehen können. Die evangelische Gemeinde markiert die Grenze mit einer unsichtbaren Linie. Hinter der Kirche sind die Häuser bürgerlich, stuckverziert und beinahe prunkvoll. Vor der Kirche warten die Häuser mit glatt verputzten Wänden auf die Kammerjäger. Die Brise vom See streift sie, wenn die Luft auch meistens reglos ist. Viel zu früh reglos – es ist erst April. Man meint zu ersticken, und Frau Heber trägt ein geblümtes Kleid mit kurzen Ärmeln. Dem Mann, Monsieur Johnny, ist niemals heiß. Er ist weise, ruhig. Er dankt dem Himmel dafür, weder tot noch im Gefängnis noch in einer Zwangsjacke ruhiggestellt zu sein. Er hat alle Zeit, um ein zweites Mal zu sterben. Und anscheinend faßt er diesen Moment ins Auge. Daß er es auf diese Weise tun kann, in Frieden, bei freiem Logis, den Trinkgeldern und dem Müll der Protestanten: dafür ist er Herrn Heber dankbar. Daß er alle Zeit

hat, zu krepieren, Tag für Tag, wie beim Rosenkranz, ein Jahr wie das andere. Unumgänglich ist nur der Besuch der Sozialhelferin, einer weißen Frau mit spärlichen, dünnen Haaren, kurzsichtigen hellen Augen und einer Miene gelinden Tadels. Als wäre Johnnys »Danke« eine Kränkung. Und dieses unverschämte Funkeln in seinen Augen.
In dem Haus, das nur ihnen gehört, den Bürgerrechtlosen, lebt auch ein Schweizer, dessen Sohn umgebracht wurde. Er sagt, die Sozialhelferin sei daran schuld. Den ganzen Tag röstet er süße Mandeln. Seine Frau wollte ihn nicht mehr. Jetzt ist er ein sanfter Herr, der Mandeln in durchsichtige Plastiksäckchen füllt und Etiketten mit seinem Namen darauf klebt. Er hat die Erlaubnis, sie für zwei Franken fünfzig zu verkaufen. Sein Zimmer ist sehr sauber, die Wände voller Fotografien. Alle von seinem Sohn, von der Kindheit bis in die späteren Jahre, als er umgebracht wurde. Und Postkarten von Orten. Den Ferienorten, die er mit Frau und Sohn besucht hat. In diesem Haus hat kaum jemand Erinnerungen. Jedenfalls nicht zum Vorzeigen. Ein Foto ist ein Beweis. Manche tragen ihre Erinnerungen nur im Kopf. Er ist auch der einzige, der eine Familie hatte, eine echte Familie. Er war Konditor, wie er mit Stolz sagt. Es ist kein Beruf, den er sich ausgedacht hat, seitdem man ihn in dieses kostenlose Haus gesteckt und ihn seiner Bürgerrechte beraubt hat. Er kommt sozusagen aus der Normalität. Er

hatte eine Frau, *une garce*, sagt er, eine Schlampe, die ihn verlassen hat, um mit anderen zu gehen. Und einen Sohn, den er nicht mehr hat. Das ist ehrbar. Manchmal schläft er tagsüber in seinem Zimmer ein, in dem ein süßer Geruch herrscht. Er ist der einzige, der Geranien vor dem Fenster hat. Und er ist, neben Johnny, der einzige, der seine Fenster offenstehen läßt. Aber jeden zweiten Tag öffnet noch ein anderer Herr seine Fenster. Sein Zimmer ist voller Flaschen und alter Unterwäsche. Außen an der Tür steht *Chopin*. Mit ein paar Noten auf Notenpapier. Abends geht er aus, mit seinem Hut, an dem eine Feder steckt, Samthosen und Stock. Frau Heber kennt sie alle sehr gut. Ihrem Mann verdanken sie dies. Freies Leben. Andere, in anderen Ländern, sterben auf der Straße. Hier haben sie das Nötigste.
Seitdem sie verheiratet sind, sie und Herr Heber, hegt er eine wahre Leidenschaft für diese Wesen, seine Frau dachte jedoch, das sei wegen eines Jugendideals. Oder daß er vielleicht vor ihr gut dastehen wolle, als Altruist, der an die Menschheit und ihr Wohlergehen denkt. Die ersten Ehejahre waren nicht ganz ohne angenehme Gefühle. Es gefiel ihr, Frau Heber zu sein, Gattin eines Verwaltungsbeamten. So viele verdankten ihm ein Leben umsonst. Sie hausten nur wenige Meter von den Bürgern entfernt, zu denen sie gehörte. Ihr Mann kam jeden Tag zur selben Zeit nach Hause, und sie hatte das Abendessen schon fertig. Dann war er müde, den-

noch unterließ er es nicht, ihr von seinen barmherzigen Taten zu erzählen. Und er geriet ins Schwärmen. Wie oft sprach er von dem armen Neger! Und von dem armen Mädchen, das aus dem Kantonsirrenhaus entlassen worden war. Und daraufhin Hure wurde. Denn, sagte er, für solche Frauen gebe es keine andere Rettung als den Einsatz ihres Körpers. Im Grunde, sagte er, seien sie frei, zu tun, was sie wollten. Wer keine Bürgerrechte besitzt, kann mit sich anfangen, wozu er Lust hat. Und die Frauen, kaum sind sie frei zu entscheiden, wie sie ihre Zeit verbringen, diese Zeit des Friedens, treffen sich mit Männern. Und darin, mußte Herr Heber offen zugeben, war niemand freier und unvoreingenommener als sie. Das sei freilich kein Verbrechen, fügte er hinzu, aber sie dürften es nicht ausnutzen. Wegen des freien Hauses. Ein junges Mädchen hat eines Abends tatsächlich vier oder fünf Männer in ihrem Zimmer empfangen. Drei waren schwarz, Amerikaner. Was Herrn Heber merkwürdig und schwer verständlich schien, war diese enorme Sinnlichkeit des Mädchens. Er sah seine Frau an und erwartete, daß sie etwas sagte. Seine Frau wußte keine Antwort. Sie genierte sich. Sie war nach Jahren der Ehe, in denen sie im selben Bett wie Herr Heber schlief, immer noch spröde, und ihre Sprödigkeit flößte ihm leichten Abscheu ein. »Du bist eine brave Frau«, sagte er zu ihr. Und er hatte begonnen, häufiger auszugehen und erst spät nach Hause zu kom-

men. Frau Heber gegenüber war er lustlos. Im Bett drehte er ihr den Rücken zu und schlief ein. Er hatte sogar zu schnarchen angefangen.
Frau Heber machte die Nachlässigkeit ihres Mannes nichts aus. Sie konnte in Ruhe schlafen. Und am Tag, nachdem sie das Haus geputzt, die Einkäufe erledigt hatte, setzte sie sich in die Küche und träumte. Ja, sie träumte. Sie träumte von ihrem Leben zu zweit, bis zum Ende. Sie war überzeugt, vor ihm zu sterben. Denn Gutes zu tun ist bequem, dachte sie. Es verlängert das Leben. Und sie überlegte, wer sich wohl um ihn kümmern würde. Sie hatte für ihren Mann Erinnerungshilfen aufgeschrieben. In dieser Schublade findest du die Quittungen, die Namen der Lieferanten, die Telefonnummern. Manchmal träumte sie auch, daß er zuerst starb. Dann wurde sie traurig, denn sie hatte ihren Mann gern, der sie nachts nicht mehr anfaßte. Und wollte seinen Körper. Sie würde den Elenden nicht mehr helfen. Das war ihr liebster Traum. Wie das Abendessen richtete sie die Beerdigung. An das Küchenmesser gewandt, dankte sie für die Beileidsbekundungen. Dann nahm sie das Messer, zerschnitt den Braten und schenkte ein Glas Dôle ein. Sie wußte, daß Johnny sich jedesmal, wenn er sie auf der Straße vor dem kostenlosen Haus traf, über sie lustig machte. Auch die anderen. Sie ging dorthin, um zu spionieren. Sie wollte sehen. Sie wollte die Sinnlichkeit des Mädchens sehen. Sie wollte sie

sehen. Und sah sie. Sie war allenfalls neunzehn, die letzte, die in das Haus eingezogen war. Ein paar Monate zuvor war ein Bewohner gestorben, einer, der nie irgend jemanden belästigt hatte. Er hatte geschrien, dann war er verstummt.
Das Zimmer wurde entwest und frisch tapeziert, die sanitären Einrichtungen erneuert. Dann nahm die Neue ihr Zimmer und das Bad in Besitz. Zur ausschließlich persönlichen Benutzung. Und in den ersten Wochen schloß sie sich anscheinend ein. Von niemandem ließ sie sich hervorlocken. Dort, wo sie herkam, waren die Toilettenschlüssel abgeschafft. Jetzt lag sie ausgestreckt auf dem Fußboden des Badezimmers und war frei, sich Hunderte von Malen die Hände zu waschen. Herr Heber ließ ihr einen Schrank schicken. Sie hängte die Türen aus und zertrümmerte sie; sie war sehr stark. Sie schlug Nägel in die Wand, um ihre Kleider daran aufzuhängen. Ihre Kleider mußten sichtbar sein. Nachdem die erste Leidenschaft für ihre neue Unterkunft sich gelegt hatte, schien das Mädchen ruhig. Sie hielt die Fensterläden geschlossen und saß in ihrem Zimmer. Sie wartete auf Herrn Heber. Den Wohltäter. Der pünktlich um zehn Uhr abends eintraf. Nachdem er mit Frau Heber gegessen hatte.
Und jetzt ging Frau Heber jeden Tag spionieren. Und machte sich lächerlich. Die Hausbewohner lachten hinter ihrem Rücken. Diese Hausfrau, die nichts zu tun hat, wie sie selbst, und sich die Be-

dürftigen ansehen geht, erheiterte sie. Auch das Mädchen fing an, Frau Heber zu verspotten, bei jeder Begegnung schürzte sie den Rock oder brach in lautes Gelächter aus und lief anschließend davon. Einmal gab Frau Heber ihr eine Ohrfeige. Aber Zurückgebliebene oder Idioten, wie sie genannt werden, oder die Bürgerrechtlosen sind manchmal überraschend reaktionsschnell. Das Mädchen versetzte ihr einen Schlag, der ihr die Lippe aufriß. Und kratzte sie. Sie zerkratzten sich gegenseitig. Mitten auf der Straße. Johnny, der wie üblich an der Mauer des geistlichen Gebäudes lehnte, sah mit engelhafter Gelassenheit zu. Das war einmal ein Tag, der nicht wie die anderen war. Dieses Mädchen hatte genausoviel Kraft und Energie wie seine Mutter. Einen Augenblick lang dachte er, das Mädchen, das vom Teufel besessen war, sei eine Reinkarnation seiner Mutter. Selig beobachtete er den Kampf. Auch der mandelröstende Herr trat auf die Straße heraus. »Sie bringen sich fast um«, sagte er sanft und dachte an seinen Sohn, und ein Lächeln befriedigter Rachlust breitete sich über sein freundliches Gesicht. Jeder sah etwas von seiner eigenen Vergangenheit, etwas Fernes, etwas, das vor dem Einzug in das kostenlose Haus geschehen war. Und sie erwarteten ein Ende. Die Absolution. Das Mädchen öffnete die Tasche, nahm einen Hammer heraus und schlug Frau Heber mitten auf die Stirn. Beleidigungen werden mit Blut gesühnt.

Das Versprechen

Sie hatte sie vor dem Schlangengraben in Bern kennengelernt. Und jetzt war alles vorbei. Eine Woche danach sagte ihr der Fleischer, sie sehe gut aus, während er sich insgeheim wünschte, das Fräulein würde wie früher einkaufen. Auch der Gemüsehändler fand sie gutaussehend. Aber für eine Person allein Spinat zu kochen macht zuviel Arbeit. Das war dem Gemüsehändler klar, er führte sein Geschäft seit mehr als zwanzig Jahren, und wie viele hatte er allein erlebt, *danach*. Wenn Kinder da sind, besteht immer Hoffnung fürs Geschäft. Kinder essen viel. Aber bei den Paaren, die er als unfruchtbar bezeichnete, wußte er, daß die Bestellungen *danach* knapper wurden. Und er wußte, wie übrigens auch der Fleischhauer und der Blumenhändler, daß die beiden Fräulein ein Paar waren.

Ruth hatte sie als ihre Schwester ausgegeben, aber das glaubte keiner. Freundlich fragte man: »Wie geht es Ihrer Schwester?« Eine kleine Lüge, um ihnen das Leben zu erleichtern.
Sie hatte begonnen, das Mädchen zu beobachten, das sich die Schlangen ansah und manche anscheinend kannte. Sie schien sie beim Namen zu nennen. Fritz, Fritz, mein Schatz. Sie trug einen weiten Rock und eine weiße Bluse, flache Schuhe. Wie eine Studentin. Lange, glatte, blonde Haare. Auch Ruth ging in der Mittagspause in den Tiergarten. Sie aß ein Brötchen, dann holte sie sich am Buffet einen Kaffee. Hinter dem Buffet war der Abort, und dort hörte man das Geschnatter der Affen. Ruth empfand keine besondere Zuneigung zu den Tieren. Die Anlage an sich gefiel ihr, die Metallzäune, die Gehege. Lieber als in ein Café ging sie dorthin, meist ohne die Tiere überhaupt anzuschauen. Und so hatte sie angefangen, das Mädchen zu beobachten. Sie hatte sie früher nie gesehen. Sie kam nicht jeden Tag, aber wenn sie kam, dann immer zur selben Zeit. Und sie stand immer am Schlangengraben. Ruth hingegen ging umher, wie sie es auf einem Friedhof getan hätte. Zwischen den Käfigen wie zwischen Grabsteinen. Sie war nicht mehr jung, und das war ihr mit merkwürdiger Klarheit bewußt. Während das Mädchen sehr wohl jung war. Eines Tages richtete sie das Wort an sie, und das Mädchen antwortete sehr freundlich. Sie heiße Freneli und

stamme aus einem kleinen Bergdorf. Ja, die Schlangen gefielen ihr. Sie sei überwältigt von ihnen.
Sie suchte eine Arbeit und schob jeden Tag den Augenblick hinaus, sich als Hilfskraft für die Reinigungsarbeiten im Tiergarten anzubieten. Es könne doch nicht schwieriger sein als die Wohnungen anderer Leute zu putzen, was sie davon halte? Sie hatte ein Zimmer in der Nähe des Bahnhofs. Im Haus lebten Portugiesen und Spanier. Sie machte sich im Zimmer ihr Essen, obwohl das verboten war. Dort wohnten auch zwei vietnamesische Geschwister, Bruder und Schwester. Hand in Hand gingen sie aus, bis das Mädchen Arbeit bei einem Zahnarzt fand, und dem Bruder wurde gestern der Magen gespült. Sie wollte wissen, was Ruth davon hielt. Ob es wohl schwerer sei, im Haushalt zu arbeiten?
Ruth lud sie zu sich nach Hause ein. Ein kleines Abendessen zu zweit mit Kerzenlicht und gutem Wein. Sie hatte alles selbst hergerichtet. Tafelsilber, Kristallgläser und gestärktes Tischtuch. An dem Abend schien das Mädchen noch jünger. Sie trug ein luftiges blaues Kleid mit enganliegendem, leicht dekolletiertem Oberteil. Weiße Schuhe mit Absätzen. Als ginge sie zu ihrem ersten Ball. Ruth war gerührt. Sie hatte ihr ein bescheidenes und entzückendes Blumensträußchen mitgebracht, das sie in der Hand hielt wie ein Bittgesuch, verschnürt mit einem Band. »Ich bin glücklich, hier zu sein«, hauchte sie. In der Pension hatten alle sie gefragt,

ob sie zu ihrem Verlobten gehe. Und sie hatte, mit derselben hauchdünnen Stimme, gestanden: ja, sie gehe zu ihrem Verlobten. Ihre Eltern seien tot, sagte sie und schien damit auszudrücken, daß sie andere Eltern nicht habe. Sie sahen sich noch öfter. Freneli kam immer in ihrem Festkleid zu ihr. Es war das einzige, das sie für solche Anlässe besaß. Ruth war es ein Vergnügen, ihr ein Kleid zu kaufen. In ihren Augen stand ein Ausdruck verwirrter Freude, als sie das Paket öffnete und das Kleid anzog. »Dreh dich bitte um.« Ruth war davon so gerührt, daß sie Freneli umarmte.

Wenn sie sich im Tiergarten trafen, kam das Mädchen ihr hüpfend entgegen. Voller Jugend. Die Ruth selbst, wie sie fand, endgültig verloren hatte. Ruth wohnte in einem großen Haus, dem Haus ihrer Eltern. Sie hatten eine Vorliebe für große Möbel gehabt. Gewaltig waren die Schränke, gewaltig das hölzerne Bett. Riesige Nachtkästen. Ruth schlief nur in einer Hälfte des Bettes, manchmal in der ihres Vaters. Noch bis vor kurzem hatte der väterliche Nachtkasten seine Pantoffeln, seine Tabaksdose und die Uhr mit Kette enthalten. Dann wieder schlief sie in der Betthälfte der Mutter und meinte noch deren Atem zu spüren. Im Nachtkasten lag ihre Schere. Und vor dem Bett stand der Schrank aus dunklem Nußbaum, schwer, schon die Großeltern und Urgroßeltern hatten ihre Kleider hineingehängt. Mit den Generationen wurde die Garde-

robe immer umfangreicher. Die Alten warfen nie etwas weg. Die Schutzgeister vermehrten sich. Im Schrank, hatte sie gedacht, im Schatten der Kleiderbügel, wird mein Leben sein. Die Abendkleider für den Ball, die Reisekostüme, denn gewiß würde sie reisen und heiraten. Wenn sie dann überlegte, daß auch die Kleider ihres Gatten darin hängen würden, erbleichten ihre Gedanken. Ihre Eltern und deren Erzeuger hätten gewünscht, daß sie heiratete. Sie sagten es noch auf dem Totenbett, die fahle Hand auf die ihre gelegt. Denn im Angesicht des Todes sollen die Worte mehr wert sein. Die beiden starben glücklich. Ruth hatte es ihnen versprochen.
Damals war Ruth neunzehn und dachte immer wieder an ihr Versprechen. Sie gab sich einem Schulkameraden hin. Am Morgen warf sie ihm ein »Danke« hin und ließ sich nie wieder blicken. Sie gab sich Herrn Erni hin, dem Besitzer der größten Konditorei des Kantons, sogar mehrere Nächte lang. Sie gab sich einem Touristen hin. Aber dann hatte sie genug. Sie hatte ihre Pflicht erfüllt. Sie hatte das Versprechen gehalten. Soweit wie möglich. Drei Männer hatten ihren Körper genommen, wie ihr Vater es zweifellos mit ihrer Mutter getan hatte. Sie schätzte es, allein zu schlafen, manchmal waren ihre Füße kalt, sie schätzte es, allein aufzuwachen, und genauso würde sie es schätzen, allein die Augen zu schließen. Ihre Arbeit war gut bezahlt; sie arbeitete in einer Anwaltskanzlei. Und das Gesetz war ihr Brevier.

Eines Abends zeigte sie Freneli das Schlafzimmer. Freneli streckte sich sofort aus, wie ein Kind, und das Organzakleid schob sich über ihren Bauch. »Entschuldige«, sagte sie und setzte sich auf, höflich und schüchtern. An diesem Abend ging sie nicht in ihre Pension. Sie kehrte nie wieder dorthin zurück, zweiunddreißig Jahre lang. Sie schlief auf der Fensterseite und Ruth auf der Seite des Vaters. Nach ein paar Tagen stöberte Ruth in Frenelis Handtasche und fand einen Ausweis. Sie war keineswegs ein junges Mädchen. Sie war siebenunddreißig, fast so alt wie Ruth. Ruth war zweiundvierzig. Aber noch jahrelang spielte Freneli das kleine Mädchen. Sie hielt das Haus in Ordnung, kochte, ging einkaufen. Wenn Ruth von der Arbeit heimkam, wurde sie freudig empfangen. Sie stritten selten, aber wenn es geschah, sagte Ruth zu ihr, sie sei alt. »So alt wie ich.« Freneli traten die Tränen in die Augen. Sie war beleidigt, saß mit zusammengekniffenen Lippen in einer Ecke und sprach kein Wort.

Während eines bestimmten Zeitraums, der ungefähr fünf Jahre dauerte, ging sie abends, sobald Ruth eingeschlafen war, allein aus. Man weiß nicht, wohin sie ging. Sie kehrte zerzaust zurück, und manchmal sah Ruth am Morgen Male an ihrem Hals, die später unter einem seidenen Tuch versteckt wurden. Sie stellte ihr nie Fragen. Im Grunde machte es ihr nichts aus. Was sie hingegen störte, war die Feststellung, daß bestimmte Gegenstände ihrer Eltern verschwanden. Tafelsilber. Sicher, das arme Freneli war nicht mehr jung, das sagte sie ihr eines Abends, und vielleicht mußte sie die Aufmerksamkeiten bezahlen, die ihr erwiesen wurden. Ihre Haare ergrauten, doch sie färbte sie blond. Ihr Körper aber wurde nicht schwer. Zu Hause trug sie einen Morgenrock, der ihre Taille einschnürte und die Beine frei ließ. Im großen Bett der Eltern war sie liebevoll, manchmal parfümierte sie sich zu stark, und wenn Ruths Füße wieder einmal kalt waren, streichelte und küßte Freneli sie, wärmte sie mit ihren Haaren, die ihr immer lang auf den Rücken fielen.

Ruth empfand weder Freude noch Verdruß über ihr alterndes Mädchen. Manchmal sprach sie mit ihren Eltern und sagte ihnen, sie führe eine durchaus gelungene Ehe. Übrigens war auch ihr Vater nachts aus dem Haus gegangen. Aber er hatte keine Störung des Ehelebens heraufbeschworen. Diskret, wie Freneli es war. Und wenn Freneli den einen oder anderen Gegenstand stahl, so tat sie es nur deshalb, weil sie sich noch nicht als Teil der Familie betrachtete, als Ruths Frau, weshalb Ruths Eigentum auch Freneli gehörte. So zog es Freneli ein paar Jahre lang vor zu stehlen. Obwohl sie alles teilten, stammte der gesamte Besitz von Ruth und ihren Eltern. Der Sippe. »Alles gehört euch«, sagte Freneli. Und murmelte, schüchtern und sanft: »Auch das Bankkonto.« Jede Woche, oder wann immer Freneli wollte, gab Ruth ihr Geld. Ruth beschloß,

Freneli zu ihrem sechzigsten Geburtstag ein eigenes Konto zu schenken. Eines Vormittags im Mai gingen sie zur Bank, und zum ersten Mal seit Beginn ihres Zusammenlebens unterzeichnete Freneli mit ihrem Namen, ihrem echten. Sie unterschrieb nicht mit dem Namen der angeblichen Schwester, wie sie es tat, um den Empfang von Päckchen oder Einschreiben zu quittieren.

Sie hatte sich noch nicht daran gewöhnt, daß die Hausmeisterin sie mit Ruths Familiennamen begrüßte. »Guten Tag, Fräulein Meyer.« Sie war Fräulein Hess. Sie reisten auf die Balearen, auf die Antillen, an die Orte, die auf Touristenprospekten abgebildet sind, und Freneli vertraute ihr an, daß sie beide, in sommerlicher Tracht, ihr selbst wie Fotografien erschienen.

Sie häuften lediglich Erinnerungen an. Sie, Freneli, will zu Hause sein und sich erinnern, nicht die Erinnerungen erleben. Konnte Ruth das verstehen? Freneli war schwierig geworden. Erinnerungen und Schmutz. Sie vernachlässigte das Haus, auf den Möbeln sammelte sich der Staub, die Spiegel waren blind. Nur nachts fand das Haus sein einstiges Gepränge wieder. Freneli zündete die Kerzen an, die Flammen drangen in die Spiegel ein, wie am ersten Tag. Die Tage wurden formlos. Man konnte sofort die Nacht berühren.

Bis zuletzt fuhr sie fort, sich ein neues Kleid zu wünschen. Als sie nicht mehr aus dem Bett auf-

stehen konnte, streichelten ihre Hände die Kleider. Sie suchte das Kleid aus, das sie im Grab tragen wollte. Nach vielen Zweifeln. Sie diskutierte lange mit Ruth darüber. Die Kleiderwahl war ein Vergnügen. Freneli schien mit ihrer Wahl zufrieden und im Frieden mit sich selbst. Sie ließ sich von Ruth versprechen, daß man ihr nicht die Atlasschuhe ausziehen würde. Ich möchte im Grab der Familie Meyer beerdigt werden. Das stehe ihr zu, sagte sie. Und im Grab der Familie Meyer gab es Platz. Denn Ruth hatte nicht geheiratet und keine Kinder bekommen. Die dort Platz gefunden hätten. »Und was werden die Meyers machen?« fragte Freneli noch besorgt. »Wütend werden sie sein.« Ruth müsse sich vergewissern, daß ihr Sarg hermetisch verschlossen sei. Vielleicht, schlug sie vor, sei ein Eisensarg besser, wie eine Ritterrüstung. Ruth lächelte. Sie sagte: »Wir werden nur Würmer sein, du Liebe, Staub.« – »Oh, Würmer…« Auch Freneli lächelte. Ihre blauen Augen waren unstet, ausweichend.
Am nächsten Morgen gab es einen Aufruhr. Nachdem die Formalitäten erledigt waren, die schlichte Bestattung vorüber, öffnete Ruth die schmiedeeiserne Tür des Mausoleums und rührte sich nicht von der Stelle, bis die Buchstaben des Namens eingemeißelt waren: Freneli Meyer Hess.

Porzia

Als der Unfall passierte, lag Doris Barthold wach in ihrem Bett und wartete auf den Gutenachtkuß. Sie hegte keine freundlichen Gefühle gegen ihre Eltern, die sie vergessen hatten. Sie trug ein rosarotes Nachthemd im rosaroten Zimmer. Seit jeher war Rosa ihre Lieblingsfarbe, und selbst jetzt, mit vierundzwanzig, kleidete sie sich nachts stets in Rosa. Mit ihren vor Enttäuschung zusammengekniffenen Lippen schien sie immer noch ein Kind. Kaum hörte sie ein Geräusch, war sie bereit, die Arme zu heben, denn wenn die Mutter und der Vater ins Zimmer kamen, um ihr eine gute Nacht zu wünschen, umschlang sie liebevoll und kräftig ihren Hals. So hatte sie es in den ersten Lebensjahren getan, als ihre Arme rundlich waren wie Puttenärmchen. Und gierig waren die Umarmungen, die

sie erfuhr, die Mutter drückte sie oft so fest an sich, daß sie zu ersticken meinte.
Und auch in der Nacht, von der hier die Rede ist, wartete sie ungeduldig auf die Umarmung, jeder Tag schien der letzte zu sein. Manche sagen, die Jugend sei die Zeit, in der das Verderben Wurzeln schlage. Das galt sicher nicht für Doris Barthold. Jugend und Kindheit waren unversehrt in ihr erhalten, sowohl im Körper als auch im Geist. Gewiß haben im Körper ein paar Veränderungen stattgefunden, das ist natürlich. Die Kleine wurde groß, aber das ist auch schon alles. Ihre Augen starren mit drohendem Ausdruck in die Dunkelheit. Sie heftet den Blick auf die Erinnerung an die vorhergehenden Stunden. Sie hatte das Elternschlafzimmer betreten, die Mutter saß am Toilettentisch vor dem ovalen Spiegel. Im Spiegel waren das Gesicht der Mutter, ihr Hals und die entblößten Schultern. Hinter ihr hatte Doris sich in Pose gestellt wie für eine Fotografie und ihr eine Hand auf die Schulter gelegt. Sie wäre gern länger in dem Bild geblieben. Es waren die letzten Augenblicke des Rituals, Gesicht und Haar der Mutter waren vollkommen, und Doris hatte die Erlaubnis, ins Spiegelbild zu treten, ihr die Perlenkette zu schließen und ihre Schönheit zu bewundern. »Du bist perfekt, Mutti.« Die Mutter sprang unvermittelt auf – sie war immer zu spät – und lief davon. Doris betrachtete den Oberkörper, der im Spiegel aufragte, und ver-

schwand eilig. Der Spiegel blieb leer und nutzlos zurück.

Die Bulldogge kläfft. Doris öffnet das Fenster. Der Hund läuft nervös in seinem Zwinger hin und her, einem weiten Gehege mit Metallzaun. Der Mond ist voll und der See reglos. Zumindest beinahe. Er sieht faulig aus. Doris zieht ihren rosaroten Morgenmantel an und rauscht auf den Flur hinaus, klopft an die Zimmertür der Eltern, tritt auf Zehenspitzen ein, im Bett liegt nur das Nachthemd der Mutter, auf der Pikeedecke ausgebreitet wie der Abdruck eines Körpers. Auf der anderen Bettseite die Schlafanzughose, die Jacke aufgeschlagen. Das erste Licht fällt ins Zimmer und zeigt die beiden Fetische, die darauf warten, bewohnt zu werden. Porzia ist die Urheberin dieses nächtlichen Arrangements, sie tut es, seitdem die gnädige Frau einmal gesagt hatte: »Das sieht aus wie ich, als wäre ich es selbst.«

Porzia nahm es als Kompliment, und seither – fünfundzwanzig Jahre waren die Bartholds nun verheiratet – legte sie das Nachthemd der Gnädigen so, daß es beinahe lebendig aussah. Porzia stammte aus einem winzigen Dorf im Brembana-Tal in der Provinz Bergamo. Sie sprach kein Wort Deutsch, aber Schweizerdeutsch lernte sie sehr schnell.

Als Doris, das einzige Kind, zur Welt kam, war Porzia in der Lage, Liedchen auf Schweizerdeutsch zu singen. Sie war genauso alt wie ihre Dienstherrin, aber nicht sehr lebenslustig. Für die Stunden der Muße und Freiheit brachte sie kaum Energie auf. Sie saß auf einem Bänkchen vor dem See, als wäre sie dazu gezwungen. Manchmal ging sie in die Kirche und kniete nieder, und es schien ihr, als sähe sie statt eines Altars den See. Sie betet nicht. Aber hätte jemand sie beobachtet, so hätte er die Frau für sehr fromm gehalten. Völlig in sich versunken, wie zugemauert, und ein trüber und böser Blick. Eine ererbte Gewalttätigkeit in den Augen, wo vielleicht ihre Vorfahren nur die Beute von Raubtieren gewesen waren. So sah Porzia aus, wenn sie Ausgang hatte: am Donnerstag und am Sonntagnachmittag. Wenn sie nach Hause zu ihren Herrschaften zurückkehrte, setzte sie wieder ihre alltägliche Miene auf und überließ ihre Visionen dem Nichts. Das sanfte Grün ihrer Augen begann wieder zu leuchten. Ein freundliches Lächeln. »Wo bist du gewesen, Porzia?« fragte die Gnädige. In einer Stadt am See geht man früher oder später immer zum Wasser und starrt hinaus. Porzia ließ sich verfolgen von dem, was sie angestarrt hatte. Und es gelang ihr nicht, ihre Augen zu befreien, die bis auf den Grund des Sees hinabreichten. Sie wurde von toten Dingen verfolgt. Porzia war stämmig, aber nicht ohne Anmut, mit den kurz geschnittenen schwarzen Haaren wirkte sie wie ein Junge. Frau Barthold war überzeugt, daß Porzia Jungfrau war. »Möchtest du nicht heiraten und eine Familie haben?« hatte sie einmal gefragt. »Nein«, antwortete Porzia einfach. Und sie blieb bei ihrem Nein. Sie wollte keine eigene Familie, und wenn sie die kleine Doris im Kinderwagen spazierenfuhr und am Ufer des Zürichsees entlangging, hatte sie ihre Bergamasker Familie, die schroffen Alten, schon vergessen – um dieses Kindes willen, das sie manchmal aus Versehen »Mutti« genannt hatte. Und auch jetzt, als Fräulein, behandelte Doris sie nicht als Magd, sondern *beinahe* wie eine Mama. »Du bist meine alte Mama«, sagte sie zu ihr. »Aber ich bin genauso alt wie deine Mama.« – »Du bist viel älter als sie, weil du schon vorher alt warst.«

Das Kind wollte sagen, sie sei eine gute Hexe, von weither gekommen und durch einen Zauber verjüngt. Denn sie war eine Hexe. Das Mädchen hatte ihr erzählt, sie habe einmal ihr Zimmer betreten und in der Nachttischschublade eine Strähne ihrer eigenen Haare gefunden. Nur eine Hexe würde meine Haare in der Schublade aufbewahren, hatte Doris gedacht.

Das Mädchen wuchs mit dem Beinahe und mit dem Ganzen auf. Und jetzt, in ihrem Bett, war sie sehr wütend auf ihre Eltern. Sie wissen doch, daß sie ohne Gutenachtkuß nicht einschlafen kann. Gegen vier Uhr morgens trat Porzia ins Zimmer. Sie setzte sich auf das Bett. Mama und Papa würden nicht wiederkommen. Das Mädchen, das Fräulein brüllt vor Wut. Porzia muß ihr sagen, wieso sie nicht zum

Gutenachtkuß gekommen sind. Nur das ist wichtig. Porzia glaubt einen Augenblick, Doris sei verrückt geworden. Hat sie wirklich nicht begriffen, daß ihre Eltern tot sind? Man hat sie im See gefunden, sagt sie, jedes Wort deutlich artikuliert. Wenn das stimmt, wenn das der Wahrheit entspricht, will Doris sie sehen. Sie wird sie schon sehen, denkt Porzia, in zwei Särgen, zurechtgemacht, die Gesichter mit Gaze bedeckt. Porzia streichelt das Mädchen. Erschöpft von der Nachricht und dem Schrecken, die Lider müde, schläft sie ein. Vielleicht ist es beinahe wahr, daß sie tot sind. Porzia bleibt noch einen Moment im Zimmer, bis der Atem ruhig und regelmäßig wird.
Nach den üblichen Formalitäten die Bestattung. In der protestantischen Kapelle des städtischen Friedhofs von Zürich lauschte Doris der Predigt des Pfarrers Anton, der sie getauft hatte. Unterdessen stieg der Rauch zum Himmel. Sie brannten; es war Frühling. Ihre Eltern seien sehr stolz auf sie gewesen, sagte Anton. Als die Zeremonie vorbei war, bedankte sich Doris beim Pfarrer und lud ihn zum Leichenschmaus ein. Doris hatte den Blumenschmuck für die Kapelle ausgesucht, aber nicht das Menü: das stand im Testament. Die Eltern hatten sogar die Vorspeisen und die Reihenfolge der Weine bestimmt. Die Alleinerbin hatte sich voller Groll gefragt, weshalb um alles in der Welt die Eltern Anweisungen für den Leichenschmaus erteilt hatten.

Sie hatten überdies Anordnungen bezüglich der Limousinen für jeden einzelnen Gast getroffen. Auch das stand im Testament. Anscheinend interessierte die Eltern nur dieses Trauermahl unmittelbar nach der Beisetzung. Doris hatte über die Blumen in der Kapelle bestimmen dürfen, die Blumen waren im Testament nicht erwähnt. Und Doris war sparsam. In der Kapelle wirkten sie nicht pompös, es waren schüchterne, schöne und bescheidene Blumen.
Sie hatte sich lange in der Blumenhandlung aufgehalten. Porzia stand hinter ihr und sagte kein Wort. Sie trug einen alten schwarzen Mantel und einen Regenhut, schwarze Schuhe mit klobiger Spitze. »Das ist nur Eitelkeit«, sagte Doris laut. Die Kränze. Porzia senkt zum Zeichen der Zustimmung die Lider. Dann tritt sie näher und sagt: daß es Eitelkeit sei, das sei nur ein Vorurteil, und... Aber Doris antwortet, sie habe keine Vorurteile, und von intensivem Blumenduft würde ihr übel. Sie verfaulen schon. Und außerdem hatte sie den Eindruck, daß die Blumen sehr teuer seien. Sie war es nicht gewöhnt, Geld auszugeben, obwohl sie reich war. Jetzt wundert sich die Alleinerbin, wieviel alles kostet. Ihr präziser Blick heftet sich auf die gelben Rosen.
Mit Geld hatte sie nie zu tun gehabt. Jetzt oblag ihr die Entscheidung, wieviel sie für den Blumenschmuck der protestantischen Kapelle ausgeben wollte. Die Limousinen schienen ihr teuer. Auch

das Restaurant. Doch sie mußte dem Willen der Eltern gehorchen. Wie ein Schulbuch studierte sie die Rechnungen der vergangenen Monate, um sich eine Vorstellung von den Lebenshaltungskosten zu machen. Sie war keineswegs verblüfft über das Ausmaß ihres Reichtums. Jetzt gehört alles ihr, die Toten, das Vermögen und ein gehöriger Anteil, dachte sie, vom Nichts. Porzia war ihr eine Hilfe. Sie kannte, konnte man meinen, den unsichtbaren Willen des Ehepaars Barthold. Porzia versuchte ihr klarzumachen, daß es unumgänglich sei, alle Bestattungsgäste anschließend zum Essen einzuladen, ja, zu einem vorzüglichen Essen. Zu einem, wie Porzia sagte, unvergeßlichen Mahl. Hinsichtlich des dritten Paragraphen, des Abschnitts mit den Bestimmungen über die Trauerfeier, hielt Doris sich gewissenhaft an die Wünsche ihrer Eltern. Die auch Porzias Wünsche zu sein schienen. Am Schreibtisch des Herrn Barthold sitzend, prüften das Fräulein und Porzia die Rechnungen, bis Doris gähnte. Es war so langweilig, und langweilig schien ihr auch der Tod. Außerdem würde sie sämtliche Kondolenzschreiben und herzlichsten Beileidsbekundungen beantworten müssen. Sie bat Porzia, sich darum zu kümmern. Und Porzia war es zufrieden, ihrem Kind zu helfen, das keine Lust hatte, sich zu bedanken. »Vergiß niemanden, Porzia, auch Mutti hat immer Karten geschrieben, wenn jemand gestorben ist. Und sie keine Lust hatte, zur Beerdigung zu gehen.« Am Schreibtisch des Herrn Barthold machte Porzia sich an die Arbeit, nachts, während Doris schlief und an nichts denken mußte. Sie hat schon soviel getan. Sie sprach tröstende Worte zu den Trauergästen, die über den Tod ihrer Eltern so aufrichtig betrübt zu sein schienen. Alle beide auf einmal. In ihrem Zimmer zögerte Porzia, sich auszuziehen. Sie stand lange da und dachte nach. Sie öffnete die Nachttischschublade und fand ganz hinten das hölzerne Kreuz, das einzige, was sie aus Italien mitgebracht hatte. Man hatte es ihrer sterbenden Mutter zwischen die Hände gelegt, und sie hatte es im letzten Augenblick mitgenommen. Fast unbewußt hatte sie es in die Tasche gesteckt. Und während sie mit dem Zug nach Zürich fuhr, berührte sie das Kreuz, ohne es aus der Tasche zu nehmen. Es schien ihr ein entweihter Gegenstand, und sie wollte nicht, daß einer der anderen Reisenden es sah. Aber jetzt hält sie es in der Hand. Sie hebt es zur Decke. Dieser Gegenstand ist beladen mit Schatten. Dann legt sie das Kreuz aufs Bett, mitten aufs Bett, dort, wo sie sich, auf einem anderen Bett, die gefalteten Hände ihrer Mutter vorstellt. Sie hat ihr das Kreuz gestohlen. Sie wollte verstehen, was das alles bedeutete. Sie war nie religiös gewesen. Aber jetzt schien das Kreuz zu ihr zu sprechen. Es flüsterte ihr Gedanken ein. Es war ein etwa zwölf Zentimeter langes Kreuz, ohne den Erlöser. Nur ein Kreuz. Das Kreuz, denkt sie, begleitet alle

Verstorbenen. Es liegt reglos da wie ein schlafender Skorpion. Es kommt ihr vor, als enthielte dieser Gegenstand die Essenz ihrer verborgenen Gedanken. Ihn zu stehlen war ein Sakrileg. Tote dürfen nicht beraubt werden – und ihre Mutter hatte gelächelt, als nähme sie schon vom nächtlichen Reich aus wahr, daß das geweihte Kreuz sie begleitete. »Schau«, hatte jemand gesagt, »deine Mutter lächelt.« Manchmal – das wußte sie, das hatte sie bei den Tieren gesehen – haben sie nachher ein nervöses Zucken, einen Muskelkrampf.
Endlich zog sie den schwarzen Mantel aus. Ihr war heiß. Sie öffnete das Fenster. Dicke Wolken schoben sich vor den Mond, das Licht fiel erst in ihr Zimmer und verdunkelte sich dann, wie ihre immer wieder unterbrochenen Gedanken. Eine feuchte Hitze fiel sie an, schon im Frühjahr war es schwül. Jetzt weiß sie, warum sie das Kreuz gestohlen hat. Der Kreuzdiebstahl hatte ihre Nische gebildet. Sie hatte dieses Zeichen des Glaubens aus den eiskalten und glatten Händen gestohlen, fast wie in Verzükkung. Sie hatte es nicht geplant, sondern sie wollte den Händen der Alten das nehmen, was ihr am wichtigsten war: um sie zu bestrafen. Um sie wenigstens ein einziges Mal zu kränken. Immer war sie folgsam und unterwürfig gewesen. Sie ging melken, weil man es ihr befahl. Und es widerte sie an, sie mochte das Vieh nicht, sie wollte Menschen dienen. Sie war vor allem von Tieren umgeben gewesen,

von ihren Eltern, ein paar Kindern. Irgendwelchen Kindern, die Eidechsen und Kaninchen quälten. Porzia war freundlich zu den Tieren, aber sie wollte nichts mit ihnen zu tun haben. Sie molk. Finster, mit bösen Gedanken. Eines Tages würde sie gehen. Zu den Menschen.
Im Hühnerstall ihre Gefährtinnen, die Hennen. Es gelang ihr, sie in Frauen zu verwandeln, die Krallen in Absätze. Sie holten ein Ei aus ihrer Handtasche hervor. Aber wenn streunende Hunde oder Wölfe oder Füchse ihnen die Kehle durchbissen, sagte sie, es sind ja nur Hennen. Man beschimpfte sie, es sei ihre Schuld, weil sie die Stalltür offengelassen habe. All das Blut war ihre Schuld. Die Jungen verspotteten sie, weil sie Hühner und Kaninchen niedermetzeln ließ, aber ihre Augen waren voller Staunen und Freude. Sonst geschah dort oben nichts. Im Zug fühlte sie sich frei, sie betrachtete die Landschaft, die sie nie wiedersehen würde. Hatte es also einen Sinn gehabt, das Kreuz zu stehlen? Porzia begriff jetzt. Sie hatte es in der Tasche gehabt, als Frau Barthold sie einstellte, und hatte gespürt, wie das Holz gegen ihre Hüfte drückte. Sie waren beide achtzehn Jahre alt. Jetzt ist die gnädige Frau tot, der Herr ebenso. Sie hatten einen Autounfall. Der hölzerne Gegenstand aus den gefalteten Händen ihrer Mutter hat sich gerächt. Der Glaube, die Kultgegenstände sind immer rachgierig, dachte Porzia. Noch unter der Erde hätte Porzias Mutter das

Stück Holz angebetet. Sogar wenn die Hühner geschlachtet wurden, hatte sie ihm gedankt, aber Porzia war schuld. Porzia hat dafür gesorgt, daß ihre Mutter unter der Erde nicht mehr betete. Mit ihrem Diebstahl hat sie dem Leben, das nicht mehr vorhanden war, das Leben geraubt. Jetzt ist sie verzweifelt, denkt Porzia noch, weil sie dieses Stück Holz nicht mehr anbeten kann.
An den Tagen nach der Beerdigung stieg der Hund der Eltern, die Bulldogge Alfred, ins elterliche Schlafzimmer hinauf und jaulte. Doris versuchte, auf ihn einzureden. Er dürfe nicht stören. Sie sagte es mild, mit derselben Milde, die Herren manchmal gegenüber ihren Untergebenen an den Tag legen. Sie war so traurig, daß die beiden nicht mehr lebten, sie wollte keine zweite Trauer neben der ihren. Denn das war es, was Alfred tat. Alfred lauschte mit gespitzten Ohren. Doris verschloß das Zimmer der Eltern, das unverändert geblieben war, das seidene Nachthemd auf der einen Seite des Bettes und auf der anderen der Pyjama des Herrn. Doris befahl dem Hund, sie anzusehen, während sie mit ihm sprach, und Alfred hob die Pfote, die Doris sofort ergriff. Sie sind wieder Freunde, Alfred hat verstanden. Doris war erleichtert, daß Porzia kühl und gefaßt war und sich benahm, als sei nichts geschehen. Bei Tisch wurde statt dreier Personen nur noch eine bedient, das Fräulein. Aber Alfreds Schmerz war wirklich zu aufdringlich. Am Tag danach gelang es

ihm, sich wieder in das Zimmer im ersten Stock zu schleichen, und von neuem fing er an zu jaulen. Doris schlug ihn mit der Leine. Der Hund knurrte sie an. Wollte er mehr trauern als sie? Sie schenkte ihn einem älteren Ehepaar, das ein Haus mit Garten in Meilen besaß. Der Hund wurde später von ebendiesen älteren Herrschaften vergiftet. Porzia hatte das Fräulein zu ihnen begleitet. Das Ehepaar – sie wirkten wie Brüder – genoß die schwache Sonne im Garten, die Lider halb geschlossen, aber wachsam für alles, was außerhalb des Gartens geschah. Zwei sehr hochgewachsene Wesen beugten sich über den Hund und musterten ihn. Mit vor Rührung feuchten Augen sagten sie: »Er wird uns Gesellschaft leisten.« – »Wir sind so allein, Fräulein Barthold«, sagte die Alte mit einer hartnäckig knarzenden Stimme. Nachdem sie das Tier stumm begutachtet und von allen Seiten beäugt hatten, luden sie das Fräulein und Porzia ins Haus ein. Sie boten ein Glas Wasser an. Man setzt sich, und es beginnt eine stockende Konversation. Dürr und hager alle beide. Der Alte hat einen grauen Bürstenschnitt und seine Frau glatte Haare bis zum Nacken. Sie trinkt langsam ihr Glas Wasser. Sie bewegt die Lippen, dann stößt sie unvermittelt einen Schrei aus, schrill und wild. »Mein Enkelchen ist wunderhübsch.« Dann verstummt sie für eine Weile. »Dort oben, das ist er.« Mit ihrer knochigen Hand zeigt sie auf die Konsole. Eine Fotografie im Silberrahmen. Porzia und

Doris heben den Blick. »Ein hübsches Kind«, sagen sie. Die Alte verzieht die Lippen zu einem Lächeln. »Alle sagen, er sieht aus wie ein Mädchen«, murmelt sie mißgünstig. Wieder füllt sich ihre Stirn mit Schweigen. Aber jetzt hebt der Mann zu sprechen an. Wort für Wort deutlich artikulierend, als zählte er dabei. Sie hätten noch wenige Jahre, um das Haus und den Garten zu genießen. Und den Jungen, der wie ein Mädchen aussieht. Sein Blick wird undurchdringlich. Die Zeit werde knapper. Sie hätten Opfer gebracht, aber gebrachte Opfer werden nicht belohnt. Das sei ein Naturgesetz. Sehr betrüblich. Der Junge, der wie ein Mädchen aussieht, zeigt engelhaft seine kleinen Zähne, die blonden Locken, die himmelblauen Augen, den gemalten Mund, die rosaroten Wangen, wie Tausende und Abertausende kleiner Mädchen. Er sitzt auf der Konsole, wartet vielleicht darauf, männlicher zu werden, aber sieht nicht aus, als gräme er sich darüber. Im Gegenteil, wenn er nur immer so anmutig bliebe, denkt Porzia.

Bei den Alten sind die irdischen Wünsche sehr tief. Der Mann wiederholt beharrlich, er wolle diesen Jungen aufwachsen sehen, bis er eine männliche Stimme habe. Der Rest der Welt dringt nicht in sein Blickfeld vor, alles Fremde scheint eine Störung. Mit einem echten Hund wie der Bulldogge namens Alfred wird das Kind leichter heranwachsen, angestachelt, ein Mann zu werden. Nicht mit den Tieren aus Stoff und Plastik, die sein Zimmer füllen. Überall sind sie. Sie, die Alten, bekämen Asthma in dem Zimmer mit all diesen dummen Puppen. Die Bulldogge sei echt.

Die Jahreszeiten vergehen, und Doris sitzt im Sessel, in dem ihr Vater immer saß. Sie schwelgte im Schmerz. Ringsum nur Schweigen. Doris hörte nichts. Nicht einmal das leise und sanfte Rascheln der Spitzenvorhänge, die in der Zugluft zu atmen scheinen. Die Eltern lebten also nicht mehr. Sie verbrachte viele Stunden in der Liege, auf der Wiese vor dem See. Und dachte nach. Man fühlt sich wohl in der Welt, wenn man nichts braucht. Wie wohl fühlte man sich, obwohl die Eltern tot waren. Sie war die Herrin. Die Herrin des leeren Hauses und des Gartens, aber auch die Herrin ihrer Eltern. Wenn die anderen sterben, sind wir ein bißchen ihre Herren, ihre Beschützer. Nie dachte sie, daß das Gegenteil zuträfe, daß unser Leben von ihnen beherrscht sein könnte.
Wenn es neblig war, verströmte der See ein altsilbernes Licht, und der Garten senkte sich ins Wasser. Er sah aus wie ein Sumpf der Verstorbenen. Nur ein einziges lebendes Wesen atmete diese Luft: sie. Der schmiedeeiserne Tisch, an dem sie im Sommer gegessen hatten, lag voller Laub und war

stumm geworden wie alles im Garten. Alle Worte, die sie einander gesagt hatten, waren verschwunden. Auch diese bestimmte Klangfarbe, die nach einem Unglück zurückbleibt, fast kristallen, und sich eine Zeitlang hält, geht irgendwann unter, zerdrückt von einer gewaltigen Decke. Am Anfang, als die Eltern erst ein paar Tage lang tot waren und der Verlust noch frisch, hörte sie ihre Stimmen. Die Stimmen von Vater und Mutter. Pfirsiche is auf dem Tisch. Himbeeren, Johannisbeeren, das Violett der Heidelbeeren. Die Stimmen im Dialekt, langsam und monoton. Die gelben Rosen im Garten erlitten Verwundungen. Wenn sie Geburtstag hatte, luden die Eltern andere Kinder ein, fuhren mit ihnen im Motorboot auf den See hinaus. Doris wurde von Überdruß ergriffen. Das Motorboot liegt noch im Hafenbecken. Spinnweben überziehen die Fenster. Die Geister der Kinder hausen darin, ihr Lachen, happy, happy birthday, Insektenlachen, Spinnenfäden und Kieferzangen im Inneren. Das Boot treibt wie in einem Morast, schlafend, in einem Geruch nach fauligem Wasser.

Es kam ihr vor, als brenne Licht im Zimmer der Eltern, das jetzt seit Jahren verschlossen war. Sie stürmte hinein. Die verrückten und melancholischen Augen von Alfred starrten sie an. Das glaubte sie. Er kauerte auf dem Boden. Sie versuchte, ihn zu streicheln, doch er lief davon. Doris tat es leid, daß sie ihn wegen seines maßlosen Klagegesangs bestraft hatte. Sie bereute, ihn den Alten geschenkt zu haben. Und das sagte sie ihm und suchte ihn überall, doch der Hund war verschwunden. »Es kann nicht Alfred gewesen sein«, denkt sie. »Mich haben nur die Augen getäuscht.« Gar nichts müsse sie bereuen, drang Porzias Stimme zu ihr. Sie habe gut daran getan, sich des Hundes zu entledigen. »Alfred bin ich. Ich habe mich auf den Boden gekauert. Alles andere ist Leichtgläubigkeit.« Doris wisse doch, daß Alfred von den Alten vergiftet worden sei. Ob sie, Doris, etwa an Wiedergeburt glaube? Und Porzia lachte. Wie sie noch nie gelacht hatte, seit sie auf der Welt war. Sie war es, die kläffte, sie war es, die in Alfreds Seele geschlüpft war und in die Seele von Herrn und Frau Barthold, und sie würde auch in Doris' Seele schlüpfen. Porzias verrückte und melancholische Augen blickten verzückt in die Flammen, die sich wie zum Tanz um die Vorhänge kräuselten. Sie hielt einen schwarzen Gegenstand in der Hand, den sie mühsam zu verbrennen versuchte. Kultgegenstände sind rachgierig.

Die Zwillinge

Das Dorf ist namenlos. Es hat eine Kirche, umsäumt von den Toten, ein Dutzend Häuser, Heuschober und die Ruine der Zwillinge Schübeli. Wenn ein Wanderer vorbeikommt, und das geschieht selten, bleibt er stehen, um die Grabmale zu betrachten. Sie sind aus Stein, doch eines ist aus Holz und sieht aus wie Leder. Er kann nicht wissen, der Wanderer, daß hinter den Vorhängen an den Fenstern strenge und scharfe Augen ihn beobachten. Aus der Ferne ein unbestimmtes Geräusch, die Sensen. Niemand dürfte ihren Friedhof betreten. Das ist, als dränge man in ihre Häuser ein. Auch ihre winzigen Gärten betreten die Fremden. Ein Schild warnt: Nicht die Blumen berühren. In den deutschsprachigen Alpenregionen wachsen sie wie rasend, um langsam und träge dahinzuwelken.

Auch ihnen sind die Fremden anscheinend nicht angenehm, denn sie verändern ihre Farbe, wenn Augen aus anderen Welten sich nähern, als packte sie der Wahnsinn. Bei der Heumahd werden alle Wiesenblumen dahingerafft, vielleicht zu früh. Ein Dichter verglich die Anemonenstengel, die er abgeschnitten und in ein Glas unter elektrisches Licht gestellt hatte, wegen ihrer Haltung und hingebungsvollen Gebärde mit der heiligen Theresa, wie Bernini sie sah. Grabsteine und Blumen sind aufrührerische Wesen. Wesen? Ein Strauß ineinandergeschlungener Blumen, mit Bleidraht gebunden, ist nicht schön. Auch nicht in Kreppapier, aus dem sie wie aus einer Halskrause ragen. Passend sind Halskrausen auf Gemälden von Rembrandt, vor dunklem Hintergrund.

Dieses hölzerne Grabkreuz, das wie Leder aussieht, gehört der Familie Schübeli. Die Namen sind nicht eingemeißelt, sie scheinen mit Tinte geschrieben. Oder mit schwarzem Blut. »Die einfachen Dinge bewundern können«, sagten die Wanderer. »Der Tod ist einfach: ein Beet, ein verschwundener Name. Und die Klarheit, das Schweigen, sommers wie winters.« Ein Greis kommt mit einer Mistgabel vorbei. Von den Fenstern beobachten ihn nur die Geranien und Spitzenvorhänge. Hinter den Vorhängen die Augen. Die Bewohner halten ihre Augen verborgen, die Blicke sind die Häuser und das Holz. Nur die Alten waren übriggeblieben, mit ihren alten

Frauen und dem Bernhardiner. Die Kinder waren fortgegangen – anscheinend schon am ersten Tag. Von ihnen war keine Spur mehr. Als wären die Erinnerungen überflüssig und verachtenswert in der Ordnung der Dinge. Und für diese alten Bergbewohner war der Nachwuchs eine Freude und ein Vergessen. Das Vergessen war stärker. Sie hatten begriffen, diese Bergbauern, daß der Sinn des Lebens in der Beschränkung liegt. Oder in der Unterlassung. Als in einer Kalesche die Zwillinge Hans und Ruedi eintrafen, wurden sie mit strenger Seligkeit empfangen. Hans und Ruedi, von den Alten begleitet, besuchten zuallererst ihre Eltern auf dem Friedhof. Sie nahmen die Mützen ab, ihre Haare schimmerten golden. »Danke«, sagten sie gleichzeitig. Sie bedankten sich für die Ruine, die sie geerbt hatten. Die Alten führten sie zu anderen Grabsteinen. Die Zwillinge grüßten. Vor jeder Stele senkten Hans und Ruedi den Kopf, es war ein gesellschaftliches Ereignis. Eine Einführung bei Hof. Eine Verbeugung vor den Seelen. Hans und Ruedi waren gleich. Ruedi hatte ein blaues und ein braunes Auge, bei Hans waren beide Augen braun. So konnte man sie unterscheiden. Auf dem Rücken trugen sie ein Bündel. Das war ihre Habe: Socken zum Wechseln, ein dunkler Anzug, die Bibel und feste Schuhe, an den Schnürsenkeln zusammengebunden. Sie sind achtzehn. Im Haus riecht es modrig, und auf dem Tisch steht eine Tasse, die in zwei gleiche Teile zerbrochen ist. Es war wie das Symbol ihres Schicksals: sie wollten sie zusammenfügen, verleimen, wie ihr eigenes Dasein. Aber dann nahm jeder eine Hälfte, warf sie auf den Boden und zertrat sie mit dem Fuß. Von den niedrigen Dachbalken hingen Haken herab. Warum haben sie nichts aufgehängt? Nicht einmal einen Ziegenbock? Jetzt können sie alles aussprechen, was sie denken. Ohne Bitterkeit und Groll. »Geht weg«, sagten sie zu den Alten. Hans und Ruedi hatten sich von ihren Gefährten im Unglück, anderen Waisen, wenige Stunden zuvor verabschiedet. Es war ein eidgenössisches Institut. Das Unglück war nicht, daß sie Waisen waren, für die Zwillinge war das Unglück, daß sie auf ihre Großjährigkeit warten mußten, um das Haus in Besitz zu nehmen. Das Haus unseres Ursprungs, so hatten sie es genannt. Das Haus, in dem eine tote Frau sie geboren hatte. Sie träumten davon. Sie sehnten sich nach dem Ort, der ihnen unbekannt war, und sprachen ständig davon. Im Waisenhaus wurden Almosen und Gutes verabreicht. Diese Wohltätigkeit, die das Elend nur verlängert. Sie waren verwildert, zu niemandem empfanden sie Zuneigung. In dem eidgenössischen Institut gab es wenige Waisen. Manche hatten eine Familie gefunden. Hans und Ruedi sorgten dafür, daß keiner sie haben wollte, Zuneigung war für sie der schlimmste Feind. Und sie wollten sich nicht trennen. Wohlhabende Ehepaare hatten schon Koreaner, Filipinos, Inder adoptiert, aber vor den Zwillingen schreckten sie zurück. Die Zwillinge wollen an den Ort zurückkehren, an den sie sich nicht erinnern. Den Ort, sagten sie, der Beschwörung. Keine Blutsbande, die sie nicht mehr haben, auch nicht die Großzügigkeit oder die Freundschaft ihrer Gefährten, die nachts schwer und erschöpft schliefen. Manche Jungen wollten mit ihnen spielen, aber sie störten sie nur, denn die Zwillinge waren mit ihren Beschwörungen beschäftigt. Und mit den anderen zu spielen war für sie ein Verderben. Sie spielten, einfach ausgedrückt, mit dem Jenseits, auf vernünftige Weise. Hans und Ruedi genügte es, während der halbstündigen Pausen Hand in Hand spazierenzugehen und nebeneinander zu sitzen. Feindselig beäugten sie die Feldwebel der Ordnung und die Brutalität im allgemeinen. Mit vierzehn, als sie Küchenjungen wurden, waren sie zufriedener. Sie galten als Arbeiter. Mit der Wohltätigkeit waren sie quitt. Die Kindheit hatten sie hinter sich. Die Bestechung hatten sie hinter sich. Die Spiele zahlten sich jetzt aus. Mit sechzehn gehen sie zur Kirche und werden konfirmiert. Sie sind in Schwarz gekleidet. Erwachsen. Ihnen gefällt der Ritus. Sie waren verblüfft über die zwiebackfarbenen Stuckverzierungen. Frivole Engel. Am Tag der Konfirmation hatten sie frei. Den Zwillingen kam es lang vor. Sie blieben den ganzen Tag im Bett, schwarz gekleidet. »Wie wohlerzogen sie sind«, dachten die Alten, als

die Zwillinge vor den Grabsteinen die Köpfe senkten.
Hans und Ruedi schlafen auf einer Matratze am Boden. Dann bauen sie sich ein Bett, ein sehr großes. Den Kopfteil verzieren sie mit Schnitzereien: Weintrauben, Beeren und Rauten. Von da an überschritten sie nie mehr die Grenze zu anderen Orten. Nur einmal, nach einem Jahr, gingen sie in die Stadt, um ein Radio zu kaufen. Abends wollten sie ein bißchen Musik hören. Und sie tanzten. Im Winter war das Land tief verschneit. Früh am Morgen schaufelten Hans und Ruedi Schnee vor den Häusern der Alten. Die Alten wurden allmählich faul. Sie freuten sich, die beiden Jungen zu betrachten, die eine Tote geboren hatte, so stark und ein wenig animalisch. Sie zimmerten Möbel, mittelalterliche Stühle, barbarisch und schwer, und einen langen Tisch. Sie saßen einander am Tischende gegenüber. Die Becher waren hoch, die Teller groß, die Decke niedrig. Und nachdem es viel Nutzholz gab, verlegten sie sich auf die Sargfabrikation. Sie lebten ihre künstlerischen Neigungen aus, wie bei der Rückenlehne des Betts, und schmückten die Särge mit Kreuzen, Hähnen, Trauben, Kugeln. Die Alten kamen, sie zu bewundern – und wollten den schönsten. Hans und Ruedi schnitzten auch Landschaften. Und nachdem sie einmal angefangen hatten, begannen sie auch zu malen. Tropische Gegenden, Nashörner, Schlangen, Tiere mit Menschenhäuptern. Zwischen den

Schuppen verbargen sie das Kreuz. Die tropische Landschaft paßte gut zu dem Schnee, der das Dorf begrub. »Wo habt ihr das alles gesehen?« fragten die Alten. In den Küchen. Während sie Teller spülten und vom Haus ihres Ursprungs träumten, das sie sich voller Gestalten vorstellten. Im schmutzigen Spülwasser sahen sie Gesichter ineinanderfließen. Auch in den Wolken. Ihre Lehrmeister waren Wolken und morastige Pfützen gewesen. Es war ein glückliches Dorf. Mit der Schwebebahn kam alles, was sie brauchten. Sogar der Pfarrer mit Gattin. Zu den Gottesdiensten, wenn er konnte, wegen des Schnees und der Lawinen.

Es war ein heiterer Sonntagmorgen im Februar, als der Pfarrer in der Kapelle brüllte. Auch an diesem Tag begleitete ihn seine Gattin, die sich, vielleicht wegen der ungewöhnlichen Wärme, ein Frühlingshütchen aufgesetzt hatte. »Heiden!« brüllte er. Nie hatte sie ihn brüllen hören, die Gattin, die neben den Zwillingen saß. Sogar ihr Hütchen zitterte, die Feder erbebte. Nie hat sie ihn brüllen hören. In fünfundzwanzig Jahren Ehe. Der Pfarrer sprach immer leise, und sie selbst, die es gewohnt war, mit dem Kleinvieh laut zu sprechen, hatte ein wenig Mühe. In der ersten Zeit ihrer Ehe, wenn sie ihm bei Tisch die Suppe servierte, fragte sie ihn schreiend, ob er einen zweiten Teller wolle, und stand mit der Schöpfkelle in der Hand da. »Noch einmal?« Sie war es gewohnt, laut zu sprechen. Der Mann

murmelte: »Nicht schreien«, und sie stand da und wartete, ob er einen Nachschlag wollte oder nicht. Sie fühlte sich gedemütigt. Eine schüchterne, gekränkte Wut ließ ihr die Röte in die Wangen steigen. Sie senkte sofort die Stimme, und so begann mit den Jahren auch sie zu flüstern. Als wäre Reden eine Beleidigung.
Für den Pfarrer waren die Zwillinge Verdammte. »Wilde sind sie«, sagte er. Die Alten, von denen ungefähr zehn übriggeblieben waren, hörten ungerührt zu. Er war ja nie sehr redselig, dachten sie, weder beim Gottesdienst noch beim letzten Gruß. Sie kannten seine kargen Worte und sein Schweigen, mit geizig zusammengepreßten Lippen, gegenüber der momentanen Erschütterung, wenn die Erde sich über einem verstorbenen Gatten schloß. Für die Frau war es nicht leicht, auch wenn sie es mit vierzig Jahren als Geschenk der Vorsehung empfand, als er ihr die Ehe antrug. Und jetzt wird Pfarrer Brändl gebeten, die Grabrede für den Bernhardiner zu halten. So sei es einst üblich gewesen, sagten die Alten. In den Bergen. Die Frau zuckte zusammen. Als sie erst kurz mit dem Pastor verheiratet war, hätte sie ihren Mann gern gebeten, für die kleine Eveline zwei Bibelverse zu lesen, hatte aber nicht den Mut dazu gefunden. Die Katze hatte ihr so lange Gesellschaft geleistet, hatte ihr die Pfote auf den Arm gelegt, um sich für die Pflege zu bedanken. Der Pastor steckte sie in einen Plastiksack.

Ohne sie anzusehen. Es war Sache der Frau, den Müll wegzuwerfen. Und die Frau desinfizierte die Küche. Für Brändl bedeutet der Tod Verderben und Schmutz. »Heiden!« brüllte er noch einmal.
Sie ging in das Geschäft des Tierpräparators in Chur. Sie versuchte, die Katze zu erkennen, die zwischen den wie lebendig wirkenden Köpfen anderer Tiere zum Abfall geworfen worden war. Sie ging hin, um eine Verwandtschaft zu suchen, vielleicht zwischen Fuchs und Kondor. »Wir präparieren keine Katzen, gnädige Frau. Nicht in Chur«, sagte der Geschäftsführer gekränkt. Aber sie stopfen doch Tiere aus, dachte die gnädige Frau, und das genügte ihr. Manchmal empfand sie ein Schuldgefühl, wenn sie schweigend und auf Zehenspitzen das Arbeitszimmer ihres Mannes betrat, des Pastors, der sie wegen einer Bagatelle bestrafte. Welche Züchtigung hätte er ihr erst auferlegt, hätte er von ihren Besuchen bei dem Tierpräparator gewußt, der Wertlosigkeiten wiederauferstehen läßt. Nach langem Zögern kaufte sie ein Käuzchen. Es schien ihr warm, als sie es im Arm hielt. Sie wickelte es in alte Lumpen und versteckte es in einem Schränkchen. Als sie es einhüllte, um es zu verbergen, prägte sich ihr der überlegene und leere Blick ein. Den ganzen Tag lang spürte sie die Augen, die sie verfolgten, das Eis.
Eine große Energie überkam sie. Jetzt kann sie sich gegen ihren Mann wehren. Auf Zehenspitzen betrat

sie sein Arbeitszimmer und servierte ihm seinen Café crème mit Keksen. Der Pastor dankt, ohne den Mund aufzumachen. »Nichts zu danken«, sagt sie zum erstenmal. Sie würde den ausgestopften Vogel aus seinen Fetzen wickeln. Wenn ihr früher der Dank eine Art Erlösung bedeutete, hat sie ihn jetzt nicht mehr nötig. Die Frau hat aufgehört zu sühnen, und wenn die Sühne auf dem Weg über die Seele erfolgt, so hat sie aufgehört, eine zu haben – dieses Ding, das ihr Mann in einer dunklen senkrechten Stirnfalte bewahrte. Dessen Sitz sie selbst, bis zu dem verhängnisvollen Tag ihrer Hochzeit, im Herzen geglaubt hatte. Seelen brauchen weder Gebete noch Worte, sie wollen eisernes Schweigen. Eine gelbe Blumengirlande umkränzte den gewaltigen Kopf des Bernhardiners. Die Alten gaben ihm sein Futter in einem Holznapf. Hans und Ruedi streichelten ihn mit weißen Ziegenlederhandschuhen. »Heiden!« brüllte Brändl zum dritten Mal und verstummte. Angesichts des gewaltigen Hundekopfs verstummte er. Mögen die Geier den Kopf zerfleischen und die Zwillinge dazu, wünschte er. Er war nie gewalttätig gewesen, hatte nie derlei brutale Gedanken gehabt, und nachdem Gedanken für ihn die einzige Offenbarung der Wahrheit waren, bekam er Angst. Einem Kadaver wünschte er den Tod! Er war mit einem Stock auf den Hund losgestürzt und hatte auf ihn eingedroschen. »Wieso, Herr Pfarrer, fällt man über ein totes Ding her?« hatten die Zwil-

linge einstimmig gefragt. Sie schienen irgendeinen Kult zu feiern. Sie lächeln. In schmeichlerischem Ton wiederholen sie ihre Frage. Knurrte das tote Ding etwa? Sie nahmen Brändl den Stock aus der Hand und zerbrachen ihn in zwei Teile. Die Werkzeuge der Gewalt, sagten sie, lassen sich leicht zerbrechen, Herr Pfarrer. Sehen Sie, es ist so leicht, gewalttätige Gedanken zu haben. Brändl wünschte den Zwillingen, sie würden in Stücke gerissen. Zerfetzt von toten Dingen. Er stellte sich vor, wie die tropische Landschaft, die sie gemalt hatten, sich belebte. Trophäen aus Gift und Trauer. Er erkannte Gesichter von Heiligen, Abziehbilder, Masken. Das düstere Grün der Dunkelheit ließ die Schatten wie greifbare, erdrückende Körper erscheinen.
Er dachte an sein strenges Schreibpult aus dunklem Holz, sein karges und behagliches Arbeitszimmer, in dem er lange saß und über seine Predigt nachdachte. Er dachte lange. Vor sich hin murmelnd. »Das Wort wird Fleisch, aber niemand bemerkt es.« Seine Hände griffen ins Leere. Dann stützten sie sich auf seine Knie. Das Licht streift sein Profil, die Brille auf der Nasenspitze, die gesenkten Lider, die nebeneinandergestellten Füße in den langen, schweren Schuhen. Dieser Mann ist Pfarrer Brändl, so wie er sich selbst sah. Und nicht derjenige, der brüllt. Die Seiten der Bibel hatten sich von selbst verblättert, überrannt von kriegerischen Windstößen, die in das spärlich erleuchtete Zimmer dran-

gen, während er darüber nachdachte, was er sagen und wie er seine Predigt gestalten sollte. Obwohl es die Wahrheit gab, hatte er das Gefühl, jedesmal erfinden zu müssen. Und er empfand Scheu. Er war schüchtern gegenüber der Bibel – wie denn auch nicht? Er war leidenschaftlich scheu gegenüber der Heiligen Schrift, der Kenntnis des Absoluten und seinem märchenhaften Gang.
Dem Tonfall maß er große Bedeutung bei. Seine eigene Stimme zu hören muß ihm schauerliche Qualen verursacht haben. Als wäre das Dasein nichts anderes als eine Aufeinanderfolge von Stimmen, ein Wechsel leiser und beständiger, wohlerzogener Stimmen. Und plötzlich ein Brüllen, wie außer sich, wie das Geschrei eines Besessenen. Während der Predigten war sein Tonfall einförmig, langsam, ohne Emphase – und das gefiel seinen Gläubigen. Sein Gebrüll verfolgt ihn. Es streunt. Jetzt war alles vorbei. Und der Tag wurde reiner und unbeständiger. Wegen einer Belanglosigkeit. Was bedeutet es denn, einem Bernhardiner eine Grabrede zu halten. Kann man nicht auch einen Kopfsalat zu Grabe tragen? Kann man nicht einer bloßen Äußerlichkeit die letzte Ehre erweisen? Auf den Marktständen werden Obst und Gemüse und Blumen schön zur Schau gestellt – käme einem nicht in den Sinn, diesen Enthauptungen den letzten Gruß zu entbieten? Diesen Hirngespinsten? Ein freundlicher Gedanke. Er dachte an den Crawford Market in Bombay: die

Farben der Früchte trunken, sie priesen die Herrlichkeit. Die Händler schliefen. Für sie endete der Tag, wenn die Sonne im Zenit stand. So hoch, daß vielleicht nicht einmal der Geist dorthin gelangen kann – weil er blind wird. Ein Duft nach Gewürzen, Sehnsüchten, Ausdünstungen, den Tieren in Käfigen, den Früchten der Erde in den großartigen Zuckungen äußerster Theatralik. Ein zermürbender Geruch. Es war eine höhnische, gefräßige *vanitas*. Dazwischen dunkle Säcke. Auf anderen Säcken Schläfer. Der Schlaf der Händler und das Licht im Gebet unter viktorianischen Fialen. Kurvenreiche Körper, in Lumpen gehüllt, hatten ebenfalls eine theatralische Form. Knochen, Blut und Geist. Halbgeschlossene Lider, das Auge noch zu sehen. Wichtiger als die Worte war Pfarrer Brändl der Tonfall. Also war für ihn, in seinen Gedanken, die Zeit der Kasteiung gekommen. Er mußte sich bestrafen. Und er mußte seine Gedanken bestrafen. Für Gedanken gibt es keine Vergebung. Er wurde selbst zum Gedanken. Ein Gedanke hat vielleicht keine körperliche Form, aber Brändl spürte die physische Gestalt des Gedankens am eigenen Leib. Er kam auf die Idee, sich im Spiegel zu betrachten. Wer Böses wünscht, spürt das Böse in sich. Brändl, der sanfte und mildtätige Mann – mit einigen Vorbehalten –, hat nie mit dem Staub des Guten zu tun gehabt. »Staub« sagte er laut. Gedanken haben es fast nicht nötig, gedacht zu werden. Aber sie zeigten sich. Das Gute ist nichts als Staub und Trug, alles verwandelt sich, das Gute fügt Böses zu. Brändl phantasierte. Alles folgte streng der Vernunft, auch das, was unvernünftig schien. Brändl wischte sich die Stirn mit einem akkurat gebügelten weißleinenen Taschentuch. Schweiß ist widerlich. Sie sahen ihn nach Norden laufen, über einen Felsbrocken stolpern, fallen und wieder aufspringen. Mehrmals fiel er und stand wieder auf. Dann wandten sie den Blick ab. Sie vergaßen ihn. Die Sonne ging unter, nachdem sie das ewige Eis in Brand gesetzt hatte. Sie teilte die Landschaft in zwei Hälften, die eine metallisch, die andere aus verlöschendem Feuer, und überließ der Finsternis ihren Triumph.

Die Zwillinge schlossen die Türen. Im Winter schaufeln sie Schnee. Eines Nachts waren sie Liebende und schämten sich ein wenig. Als Jugendliche hatten sie derlei nicht getan. Sie waren gedankenlos keusch gewesen. Und im Alter hatten die Zwillinge das Gefühl, als wäre es ein himmlisches Gebot, einander im biblischen Sinn zu erkennen. Nur ein einziges Mal. Sie vereinigten sich. Berauscht. Es war, sagten sie nachher, eine spirituelle Raserei, und jeder entschuldigte sich beim anderen. Die Jahre vergingen ohne Aufregungen.
Die Tage wurden kürzer. Am frühen Nachmittag

wurde es Abend. Morgens standen sie immer früher auf. Sie sahen einander an, und nachdem sie festgestellt hatten, daß sie lebten, waren sie zufrieden. »Bist du wach, Hans?« – »Bist du wach, Ruedi?« Manchmal wollen sie nicht einschlafen, aus Angst, nicht mehr aufzuwachen. Sie liegen in dem großen geschnitzten Bett, betrachten die winzigen Fenster, halten einander bei der Hand, drücken sich die Handgelenke. Sie denken an die Zeit zurück, als sie Küchenjungen und Kinder waren. Und an ihre Gefährten im Unglück, als wären es Trugbilder. Das Unglück schien ihnen ein Geschenk des Himmels. Unglück ohne Schmerz. Das war es.
Und jetzt? Sie sind stark und haben überschüssige Kraft, sagen sie, die Schwermütigkeit erzeugt. Sie haben zuviel körperliche Kraft, und wegen dieses Überschusses sind sie recht melancholisch geworden. Vielleicht wissen sie nicht einmal, was Melancholie ist. Sie haben nie davon gehört. Nicht einmal im Radio – dort hören sie nur Musik. Ein bösartiges Leiden? Wegen der Melancholie schaufeln sie erbittert. Sie schaufeln auch dort, wo es nicht nötig ist. Im Winter waren sie überzeugt, am Ende angelangt zu sein. Sie sind enttäuscht. Vor den Fenstern strahlt der Frühling. Und als die Morgenröte sich zeigte, verriet ein leicht gelblich gefärbtes Licht die Ewigkeit eines Tages. Sie essen schweigend. Kauen langsam. Sie kauen, ohne etwas im Mund zu haben. Eine Art leere und eigensinnige Schwermut hat sie

erfaßt. Im Flur neben der Eingangstür standen das Gewehr, ein Geschenk des Heeres, der Spaten und die Mistgabel. Drei nützliche Gegenstände.
»Willst du, daß ich dich umbringe?« fragte Hans.
»Willst du, daß ich dich umbringe?« fragte Ruedi. Sie wollen nicht. Sie rasieren sich sorgfältig. Sie bügeln ihre Hemden mit Stärke auf den Manschetten und auf dem Kragen, bis sie steif sind. Sie ziehen ihre dunklen Anzüge an, dieselben, die sie zur Konfirmation getragen haben. Damals waren sie zu weit, jetzt passen sie haargenau. Sie machen einen Spaziergang durchs Dorf. Sie kamen an den leeren Häusern vorbei, senkten den Kopf vor den verriegelten hölzernen Fensterläden. Nichts als Fassaden. Es weht eine laue Luft. Wer weiß, woher sie kommt.
Die Alpen verhüllten sich mit Ruhe und Täuschung, und der Enzian strahlte in seinen leuchtenden Farben auf plumpen Stengeln. An dem Tag kam eine Frau zum Haus der Zwillinge und klopfte an. Kaum war sie eingetreten, zog sie aus ihrer schwarzglänzenden Umhängetasche einen Ausweis, den die Zwillinge nicht ansahen. Aus dem Augenwinkel erkannten sie das Wort »Polizei«. Die Frau war von Pro Senectute. Sie sagte, sie wolle sie schützen. Vor dem Alter wie auch vor dem Tod. Was für ein Aufheben, dachten die beiden. Sie baten sie, Platz zu nehmen. Die beiden Herren, sagte sie, könnten nicht länger allein in dem Haus le-

ben. Außerdem sei das Dorf unbewohnt. Sie sollten in die Nähe von Chur in ein Ferienhaus ziehen. »Ferien?« sagten die Zwillinge gleichzeitig. Ja, Ferien, bestätigten die halbgeschlossenen Augenlider der Frau, ein Ausdruck des Mitleids. Und sie würden Freunde finden, mit denen sie reden und Karten spielen könnten. »Aber wir spielen nicht Karten.« Die Dame versicherte, vor dem Eintritt in die andere Welt sei der Wunsch zu spielen ein natürliches Bedürfnis. Sie müßten sich von der Vorstellung des Todes ablenken. Sie versprach ihnen ein irdisches Paradies, ehe sie jenes andere erlangten, auf Kosten der Eidgenossenschaft. Geschützt würden sie sein. Und wer einst in einem Waisenhaus war, würde im Alter wieder in Obhut genommen. Ob sie das verstünden? Sie drückte ihnen kräftig die Hand und sagte, sie werde wiederkommen. Sie müßten Papiere unterschreiben.
Als sie allein waren, begannen die Zwillinge zu überlegen. Ob Hans vor dem Sterben Lust auf Ferien habe? Nein, sagte Hans. Hatte Ruedi denn Lust auf Ferien vor dem Sterben? Nein. Hatten sie Lust, Karten zu spielen? Nein. Nur Musik zu hören, im Halbdunkel. Oder im Dunkeln. Hatten sie irgendwelche Wünsche, die Zwillinge? Sie hatten keine.

Die eitle Greisin

I

Sie werden ihre goldene Hochzeit feiern, Kurt und Verena Kuster. Die Nachbarn sagen, es sei schön, goldene Hochzeit zu feiern. Sie sagen es liebevoll: »Es ist schön.« In beinahe bedauerndem Ton. Verena dankt. Am Abend, nach einem Tag des Nichtstuns, saß das Ehepaar Kuster im Wohnzimmer. Kurt mustert seine Frau mit finsterer Miene. Seit Monaten musterte er sie mit finsterer Miene. Verena hatte sich gefragt, was ihr Mann wohl habe. Es war nicht mehr lang bis zum Festtag, ein halbes Jahrhundert des Zusammenlebens, und jetzt starrte dieser wohlerzogene und freundliche Mann sie schweigend und vorwurfsvoll an. In dem stillen Wohnzimmer war der Vorwurf zu spüren, er stieg von der Erde auf, breitete sich aus wie modriger Dunst und hüllte die üppigen und imposanten

Möbel ein. Sie beide ragten wie aus einer Untiefe über diese Launen auf, die bösen Geister, schweigend. »Schmutzige Augen«, hatte Verena gedacht, als sie ihren Mann beobachtete. »Schmutzige Augen«, denkt Verena immer noch und bewegt ganz leicht die Lippen. Auch die Tränen sind schmutzig. Ein Schmerz kann die Augen entstellen. Aber nicht im Hause Kuster. Und nicht in der Kusterschen Ehe. Bisher hatte Kurt nie diesen Blick und diese Trägheit, diese Faulheit. Traurigkeit ist für Verena dasselbe wie Faulheit.
Dann gingen sie schlafen, jeder in sein Zimmer, und dankten dem Herrn. Ja, sie dankten ihm, weil sie in zwei verschiedenen Zimmern schlafen konnten. Sie wollte es von Anfang an so haben. Als sie verlobt waren, hatte sie ihm das Versprechen abgenommen, daß jeder sein eigenes Schlafzimmer haben würde. Und jetzt, nach fünfzig Jahren, behauptet Kurt, er habe Vorahnungen. Er hat sich in den Kopf gesetzt, sie sei krank. Er macht sich große Sorgen wegen ihrer Krankheit. Endlich gestand er es ihr. Es war Frühling, noch nicht Mittag und noch ein ganzer Tag totzuschlagen. Und sie, immer noch dem Herrn dankend, hat sich nie so wohl gefühlt wie jetzt, mit vierundachtzig. Je älter sie wurde, desto besser ging es ihr, der Frau Verena. »Ich bin keineswegs krank, lieber Kurt«, sagte sie zu ihm. Kurt hört nicht zu. Er hatte die Jacke ausgezogen, es war ein drückend heißer Frühling. Seine Schultern hingen herab, so

schmächtig und hängend sahen sie nicht aus, wenn er seine Tweedjacke trug. »Trübe Augen«, hatte Verena außerdem gedacht. Der Schmerz färbt die Augen. Die Hände ihres Gatten sind klein, schmal, das Handgelenk dünn, die Füße winzig. Ein Teil seines Körpers – Verena beobachtet genau – ist jung geblieben, fast jugendlich. Das Alter hat vergessen, sich auch diesen Teil zu holen, die kleinen Füße, die der Mann im Bett höher legt, bloß, weiß, die Zehen so wohlgeformt, daß sie aus einem Guß zu sein scheinen. Die Beine, so weiß und weiblich, haben nichts von der Schlaffheit des Greisentums. Das Alter hat vergessen, sich die Beine zu holen. »Ich habe Angst«, hatte er gesagt und einen trostlosen und bösen Blick auf sie geworfen. Die kleinen schmalen, zarten Hände sollten nicht solche düsteren Gedanken hegen. Es war lächerlich, daß ihr freundlicher, ehrlicher, wohlerzogener, schüchterner Mann sich mit derart düsteren Vorstellungen herumschlug. Weder die Welt noch das Schicksal erschöpfen sich in der Krankheit einer Ehefrau. Er war der Mann, dem sie fünfzig Jahre lang vertraut hat. Es sei auch notwendig, ermahnt sie ihn, daß seine Vorstellungskraft besonnen und langsam bleibe und sich nicht mit einem Mal ins große Universum vorwage. Und mit »großem Universum« meinte Verena: sich den Tod seiner Mitmenschen vorzustellen, den Tod der eigenen Ehefrau, in Vorahnungen abzuschweifen. »Ich habe Angst«, wiederholte Kurt.

Er freute sich nicht, daß seine Frau krank war. Er hatte angefangen, unsicher zu gehen, als fürchte er sich davor. Es war ein Sonntag, sie beobachtete ihn, als er mit einem pyramidenförmigen Päckchen, das mit einem Band verschnürt war, nach Hause zurückkam. Die sonntäglichen *tartes aux pommes* von der Konditorei Müller. Verena hatte den Vorhang beiseite geschoben und sah ihren Mann näher kommen, die Pyramide auf der Handfläche balancierend wie einen sakralen Gegenstand. Dann läutete er. Langsam trat er in die Wohnung, müde und betrübt. Wie viele Sonntage würde er seiner Frau noch Kuchen bringen können?
Schon früher hatte Verena ihren Mann belauert. Vielleicht ist es das Schicksal der Ehepaare, sich gegenseitig nachzuspionieren. Wer weiß, fragte sich Verena, was Kurt an ihr gesehen hatte, daß er ihren Tod fürchtete. Was waren die äußeren Anzeichen? Was konnte er gesehen haben, von dem sie nichts wußte?
Sie aßen in der Küche, denn Kurt aß gern in der Küche. Sie saßen da und warteten, bis das Essen fertig war. Kurt sah dem Dampf zu, der aus den Töpfen aufstieg. Nachdem er ihn ausgiebig betrachtet hatte, irrte sein Blick verloren und vergiftet zwischen den Kacheln an den Wänden umher. »Schwül ist es«, sagt er. Verena öffnet das Fenster. Gleich daneben lag ein weiteres Küchenfenster, das zu einer anderen Wohnung gehörte. Dort wohnte ein anderes Ehe-

paar. Wie sie. Die gleiche Wohnung. Die gleiche Aufteilung, nur ein Zimmer weniger. Das Ehepaar in der Nachbarwohnung schlief im selben Zimmer, zusammen in einem großen Bett. Verena nannte sie »die Leute von nebenan«. Sie waren die Fortsetzung ihrer eigenen Zimmer. Und gingen ihrerseits in andere Wohnungen über. Sie waren die Fortsetzung ihres Lebens. Von ihrem Zimmer aus konnte Verena hören, wie die beiden sich im Bett wälzten, das Gewicht ihrer Körper spüren. Die Leute von nebenan. Der Schlaf, der tiefer wurde. Nach einem Zank mit der Schlaflosigkeit. Sie sprachen Berner Dialekt. Sie kochten zu denselben Zeiten wie sie selbst. Wenn also Verena das Fenster öffnete, quollen ihr Dampf und Essensgeruch hinaus, und der Essensgeruch und Dampf der Nachbarn drangen herein. Es war eine Art Kommunion. Eine Wechselseitigkeit. Die große Substanz, die vereinigt. Ein fleischfressender Überschwang von den einen zu den anderen, von einem Zimmer zum anderen. Das Gebäude wurde nur von Alten bewohnt. Von schlaflosen Greisen. Es war ein fünfstöckiges Haus. Alle Wohnungen waren gleich geschnitten. Wenige hatten ein Zimmer mehr. Zu diesen Wenigen gehörten die Kusters, Verena und Kurt, aus dem Kanton Uri. Und jetzt, während ihr Mann überzeugt ist, sie sei todgeweiht, würde sie gern wissen, woher die anderen Paare stammen. Das Paar, das gemeinsam im Ehebett schläft. Ihr Bad hat wie das ihre ein

Fensterchen mit Milchglasscheiben, und niemand kommt sie besuchen. Sie werden auch den gleichen Grabstein haben. Der Grund ist ihnen schon zugesagt, ihnen allen. Er ist mit dem Haus gekoppelt. Wohnung und Grabplatz. Und Staub. Die Eidgenossenschaft hat es so eingerichtet. Auf die bestmögliche Weise. Der Friedhof ist nicht weit vom Haus und schnell zu erreichen. Er ist ihre Heide.
Nie war Verena die Gleicheit derart finster und schmutzig erschienen wie jetzt – schmutzig wie die Augen ihres Mannes, promiskuitiv. Die Gleichheit, die sie sich als junge Frau gewünscht hatte. Die sie als ihr Recht ansah – wie die getrennten Schlafzimmer. Wenn Kurt sich ihren Tod einbildete, kann jetzt auch sie eine zerknirschte Miene aufsetzen. Sie fing an zu lachen. Das ist alles nur eine Folge der Faulheit. Die beiden in der Nachbarwohnung reden ununterbrochen, sie schwatzen Berner Dialekt. Hätten die Worte eine Masse, würde das ganze Gebäude nicht ausreichen, um sie zu fassen. Er hinkt zwar, aber immer mit eiligem Schritt. Sie gehen rund ums Haus. Dort sind Bäume, Beete. Und die Mauer. Verena hört sie durch den Flur gehen, den geschwinden und unregelmäßigen Rhythmus. Der Schritt kommt bis zum Schrank. Dann weiter ins Wohnzimmer. Dann hält er inne, und die Stimmen heben an. Seit Jahrtausenden scheinen sie zu reden. Woher kommen sie? fragt Verena sich noch einmal. Aber das ist doch nicht wichtig. Das Haus wird von

Schweizern bewohnt, von Schweizer Arbeitern, jetzt im Ruhestand. Es ist, als stammten sie aus der Ukraine, aus Montenegro, aus Ungarn. Einmal hatte sie ein Buch gelesen, in dem von einem Reich, einem Heer und zersplitterten Stämmen die Rede war, und so waren auch sie, die Schweizer im Ruhestand, ein versprengtes Häuflein. Die Kantone werden zu Ländern, die in der Steppe enden.
Und mitten darin gab es eine Liebesgeschichte, die hatte sie gelesen, als sie jung war, und auf einmal fielen ihr diese Soldaten wieder ein, die versprengten Völker, die zahllosen Sprachen. Jetzt schien ihr das Haus der Greise nur von ihnen bewohnt, von diesen Soldaten, dem aufgewiegelten Heer. Als sie jung war, hatte sie sich nur für die Liebesgeschichte interessiert. Gedankenlos überblätterte sie die Seiten, die Beschreibungen der Kämpfe an der Front. Und jetzt kehren ihr diese nicht gelesenen Seiten ins Gedächtnis zurück, klar und deutlich wie Spiegelbilder. So klar, als hätte sie jede einzelne Zeile gelesen. Was wußte sie denn von den Ukrainern? Was wußte sie von der Welt jenseits der Grenze? Einmal war sie in Basel gewesen, auf der Hochzeitsreise. Kurt war mit ihr auch nach Schaffhausen gefahren, um ihr den Rheinfall zu zeigen. Und sie hat die Wasserfälle und Leute aus vielen Ländern gesehen. Es war vielleicht das einzige Mal, daß sie mit so vielen Fremden zusammengewesen war, als sie aus dem Ruderboot ausstieg, um von der Spitze des Felsens

aus die Wasserfälle zu betrachten. Es hatte säuerlich gerochen. Mitten in der Natur gärte der herbe Sommergeruch. Kurz zuvor waren Jungen mit kurzen Hosen und Männerknien vom Felsen herabgestiegen. Verena war auf Hochzeitsreise und beachtete die Ausländer nicht. Sie betrachtete staunend die Wasserfälle. Und jetzt sind ihr die Wasserfälle gleichgültig, aber an die Ausländer erinnert sie sich genau. Sie erinnert sich an das, was sie damals nicht angesehen hat. In dem Ruderboot saß auch ein Japaner mit einer Japanerin. Und Männer, die sich in einer nie gehörten Sprache unterhielten. Sie stiegen in einem großen Hotel ab. Auch dort waren Ausländer, eine Gruppe von fünf oder sechs Personen, die in einer anderen unbekannten Sprache redeten, und sie beide, Verena und ihr Mann, hielten sich ein wenig abseits, ehe sie an die Rezeption traten. Respektvoll. Unbekannte Sprachen sind ein großes Geheimnis. Sie fühlten sich beide demütig. Sie wagten nicht, ihre Namen ins Gästebuch einzutragen. Dann gingen sie hinauf in ein geräumiges Zimmer mit einem breiten Doppelbett. An der Wand ein Landschaftsbild mit den Wasserfällen. Durch das Fenster sah man den Rhein. Den sie noch nie gesehen hatte und nie wiedersehen würde, außer in der Phantasie. Was ihr das eine oder andere Mal passiert war. Die Wiege unserer Ahnen. Im Bett hatte sie gedacht, daß in den vorhergehenden Nächten andere Menschen dasselbe getan hatten, was sie jetzt taten. In der nächsten Nacht würden keine anderen hier liegen, sondern wieder sie. Sie hatten das Zimmer für eine Woche. In der ersten Nacht kam sie sich vor wie eine Schauspielerin, sie imitierte das, was die anderen getan hatten, im selben Hotel, im selben Bett. Sie ahmte die Frauen nach, die nach Basel gefahren waren, um die Hochzeitsnacht dort zu verbringen. Beharrlich und romantisch zeichnete sie ihre Gedanken nach, so daß ihr die eheliche Zeremonie weniger von anderen Gefühlsausbrüchen belastet schien. Kurt hängte allabendlich ihre Kleider in den Schrank, dessen Bügel sich nicht herausnehmen ließen. Die Kleider, die sie sich vor der Hochzeit gekauft hatten. Und die lange Zeit halten würden. Kinder kamen keine. Sie wurden weder im Basler Hotelzimmer mit Rheinblick noch in anderen Betten noch in den Ferien gezeugt.

Es ist merkwürdig, denkt Verena, daß es in dem Haus der Alten nicht einen Witwer oder eine Witwe gibt. Dieses Haus mit Seniorenwohnungen war ein erstaunlicher Ort, wo alle noch vereint waren, auch wenn sie bereits Verstorbene zu sein schienen. Kränklich und langlebig. Und sie dachte: Sie, Verena, will nicht die erste sein, die den Zauber durchbricht. Wenn einer anfing zu sterben, glaubte sie, würde das Ereignis weitere nach sich ziehen. Der Tod ist ansteckend. Das Gesetz der Serie. Wenn in dem Haus nichts passierte, so deshalb, weil nichts geschehen kann, was nicht schon einmal geschehen ist. Und nachdem die Alten alle noch lebten, würden sie zu sterben beginnen, sobald einer von ihnen das Signal gab. Sie wiederholte ihre Gedanken wie einen Kinderreim.

Die Kusters waren eines der ersten Paare, die kurz nach der Fertigstellung des Hauses einzogen. In der Folge sah sie andere eintreffen, immer zu zweit. Übrigens nannte sich das Gebäude Eden Haus, so wie alle Häuser für Tote oder Sterbende Paradies, Zur Sonne, Aurora heißen. Gewalttätige Namen. Die einzige Veränderung, die sie im Lauf der Jahre festgestellt hatte, war folgende: Wer einst von hohem Wuchs gewesen war, der war jetzt ein wenig kleiner. Der Hinkende war groß, als sie ihn ankommen sah, seine Frau am Ellenbogen haltend. Jetzt ist auch ihr Mann weniger groß. Sie hat angefangen, seine Hosen einzusäumen. Verena wußte, daß sie seine Hosen nicht mehr viel würde kürzen müssen. Man kann nicht so lang leben, bis die Knochen aufgezehrt sind.

Wenn Verena in die Waschküche im Keller hinabging und zusammen mit den anderen Frauen wartete, bis die Wäsche in der gemeinschaftlichen Waschmaschine gewaschen und geschleudert war, und alle dem Wasser und dem Schaum im Bullauge zusahen, fragten sie sich vielleicht, wie viele Jahrzehnte sie sich noch um die Wäsche kümmern mußten. Sie hatte festgestellt, daß auch die Frauen unmerklich geschrumpft waren. Die Haare dünner geworden.

Durch das Bullauge starrten sie die rotierende Wäsche an, die Hände auf den Knien. Eines schönen Tages, dachte sie, würden auch die Knochen so sauber werden. Es war praktisch, eine Waschküche im Keller zu haben. Sie waren unabhängig.
Die Paare essen gemeinsam, wie sie beide. Verena räumt den Tisch ab, Kurt hilft. Um irgend etwas zu tun. Mit weißen Baumwollhandschuhen staubt sie ab. Sie fürchtet den Staub. Als junge Frau war sie nie so. Jetzt bereitet sie sich auf das Wesentliche vor. So oft hat sie sich vorgestellt, wie ein offizielles Publikum oder die Polizei sie tot auffindet, sich umsieht und über die Ordnung und Sauberkeit der Wohnung staunt. Denn die Alten sind nicht immer sauber, wollte sie, in ihrem Traum, der Öffentlichkeit erklären, die ihre Leichen finden würde. Aus diesem Grund hielt sie ihre Wäsche und die ihres Mannes stets in Ordnung. Und mit einem befriedigten Lächeln würde sie die Komplimente des offiziellen Publikums zur Kenntnis nehmen. Sie konnte ihre Befriedigung nicht verhehlen. Ein Lob von seiten dieser rohen Herren, die so oft mit Mord zu tun haben, kann ihr nur Vergnügen bereiten.
Sie will nicht diejenige sein, die den Anfang macht. Der Hinkende hustet. Er geht immer noch rasch. Er hat es immer eilig, dabei hat er gar nichts zu tun. Sein Schicksal, sagt sich Verena, ist mit dem der anderen verknüpft, die exakt dasselbe Leben führen. Ihr Mann scheint jetzt zufriedener zu sein.

Der Arzt befand, daß sie bei guter Gesundheit sei. Ihr fehle nichts, der Frau Verena. Er müsse sich keine Sorgen machen. Kurt hat matt gelächelt. Eine Krankheit, erkannte Verena, wäre ein Ereignis gewesen. Nicht die Ärzte entscheiden, ob einer gesund ist, sagte Kurt auf dem Heimweg starrsinnig. Aber er schien erleichtert. Auch wenn man meint, eine Krankheit könne ein Zeitvertreib sein, ist es doch die Krankheit der eigenen Frau, die man lieb hat. Auf den Zeitvertreib muß man verzichten. Und einfach zufrieden sein, daß die Frau bei guter Gesundheit ist. Kurt mustert sie nicht mehr mit finsterer Miene. Er ist nicht mehr niedergeschlagen. Was kann er sonst sein, nachdem er jetzt nicht mehr deprimiert ist? Ein ruhiger Alter, derselbe ruhige Alte, der er seit Jahren war. »Ich bin ruhig«, sagt Kurt. Und streichelt ihre immer noch weiche Hand, die sie ihm entzieht. Verena war in diesen Monaten recht nachdenklich geworden, sie erriet nun, daß auch die Depression ein Zeitvertreib ist. Mit Sicherheit denkt jeder Ehepartner an den Tod des anderen. In jedes liebevolle Gefühl nistet sich ein mörderischer Gedanke ein, federleicht. Die Liebe ist es, die Liebe, die bei alten Paaren fortdauert, sie regt die Phantasie zum Mord in Gedanken an. Ein poetischer Traum. Der leichteste, schmeichlerischste, zarteste aller Morde, der weit hinten im Blick entsteht, sich in die Zauberschachtel drängt. Dort drinnen läutet ein Glockenspiel.

II Verena hatte dies alles begriffen, einschließlich der Sehnsucht ihres Mannes nach etwas, was in seinem Kopf geschehen war und sich erfüllt hatte. Im Kopf eines so freundlichen Mannes, der sich angesichts eines so grauenhaften und krankmachenden Traums nicht als Feigling erwiesen hatte. Es braucht Mut, denkt Verena, um die Schwächen und den Verfall und die Qualen zu träumen, die unweigerlich zum Ende führen. Zum Ende von Verena Kuster. In den letzten Monaten hatte Kurt voller Schrecken vom Verfall seiner Frau gezehrt. Er hatte die Wohnung mit seiner Traurigkeit und schlechten Laune angefüllt, denn allein zurückzubleiben war ihm nicht angenehm. Es fehlte nicht viel, und er hätte auch davon geträumt. Von dem Zustand *post mortem*. Aber den Traum von der Zeit nach der Beerdigung hat der Arzt ihm zerstört. Auch wenn Kurt von seiner Überzeugung hinsichtlich der Gesundheit und den Methoden, sich ihrer zu vergewissern, nicht abwich.
Gefügig sitzt Kurt im Sessel. Er hat ihn zum Fenster gezogen, das auf eine Mauer hinausgeht. Und man kann den Himmel sehen. Er betrachtet die Mauer und den Himmel. Jetzt ist er liebevoll. Sie lachen sogar. Das Ehepaar Kuster lacht. Das Ehepaar nebenan hört sie lachen. Und das Gelächter, das durch die Wände dringt, hat einen metallischen, schrillen Klang, als würde jenseits der Wand eine Farce aufgeführt. Alles ist wieder in Ordnung, sie lachen

über Kleinigkeiten. Die Landschaft wiederhergestellt, die Landschaft der Zimmer, als wäre sie neu. Verenas blaue Haare ähneln denen ihrer Nachbarin, die etwas weniger davon hat, aber die kahlen Stellen unter Locken und Haarspangen verbirgt.
Kurt öffnet das Fenster. Mauer und Himmel. Auch heute bläst der Föhn. »Da ist er, da ist er.« Er ist noch weit, aber es gelingt ihm, den pistaziengrün gefiederten Vogel zu sehen. »Das ist er.« Kurt begrüßt ihn. Er sollte nicht mehr nach Göschenen oder Tiefencastel fliegen, sondern lieber zurückkehren zu seinen Blutsverwandten nach Südamerika. Der Föhn ist gefährlich, auf sanfte Weise gefährlich. Er macht ein bißchen verrückt. Sogar Morde werden begangen. Schwere Sanftheit, das ist der Föhn. Der Vogel scheint zu lächeln. »Nein, es kann nicht sein«, sagt Kurt laut. Ein Vogel lächelt nicht.
Verena heftet einen Saum. Kurt stört sie, wenn er laut spricht. Denn sie näht wie in Trance. Ein Saum ist eine Unendlichkeit. Aber jetzt muß sie den Blick heben. Die ausgebreiteten Flügel, pistazienfarben, gelb und violett, ein winziger spitzer Kamm auf dem Kopf. Verena senkt den Blick auf ihre Näharbeit. Kurt stützt die Hände aufs Fensterbrett. Der Vogel ist immer am Himmel, schwebend über der Mauer, während die Frau den Stoff absteppt. Es sieht aus, als hielte die Frau den Faden, der ihn fliegen läßt. Jetzt setzt der Vogel die Krallen auf das Fensterbrett. Sein Gesicht hat etwas Menschliches, das ge-

schminkte Gesicht einer Frau aus dem Bordell, denkt Verena, die Augen violett und rosa umrandet, die Haut gebräunt, die Farbe des Blutes von Freudenmädchen, denkt Verena weiter. Was schön ist, so wie das merkwürdige und wunderbare Exemplar, das in einem ihm fremden Himmel gefangen ist, erregt einen natürlichen Widerwillen in ihr. Es gelingt ihr nicht, einen wilden Groll im Zaum zu halten, einen Groll, der auch die göttliche Gnade einschließt. Kurt ist so glücklich. Es gibt glückliche Vögel, die ihren angestammten Himmeln entrinnen, vielleicht haben sie den Föhnhauch gespürt, der die Menschen wie auch die anderen Lebewesen der Erde leicht verrückt werden läßt. Verena war der Eifer ihrer Nachbarn, ihr zur goldenen Hochzeit zu gratulieren, nicht angenehm. Nein, Glückwünsche sind ihr nicht recht. Nachdem ihr Mann von ihrer Krankheit geträumt und sich daran berauscht hat. Dem Himmel sei Dank, das konnte man wohl sagen, war das Nähen ihr eine große Stütze. Sie hatte angefangen, auch alte Tischtücher zu stopfen. Sie stopfte gut, und unterdessen dachte sie, daß auch das Leben ein gutes Flickwerk gewesen war. Alles verdirbt, hatte sie gedacht, auch ihre glückliche Ehe, im Paradies des Seniorenheims. Die unsichtbaren Nadelstiche hinterlassen keine Spuren auf dem Stoff, wie Engelsatem.
Verena fühlte sich jung und gelassen. Neugierig war sie nur auf ihr Alter, sie war eitel geworden.

Das war sie früher nie. In ihrer Jugend war sie bescheiden. Und ihr war aufgefallen, wie auch die anderen Alten von Eitelkeit geschwellt waren. Es ist das Alter, das hartnäckige, sterbensunwillige, in dem man sich eitel fühlt. Dessen ist sie sicher, die Eitelkeit ist nicht Sache der Jungen. Weder der schönen Frauen noch der jungen Männer. Nein, das ist ein Nebenprodukt der Eitelkeit. Sie hatte sie beobachtet, die Jungen, wenn sie aus dem Haus ging, und einen Vergleich zwischen ihnen und sich selbst angestellt. Sie ist hinfällig, hätten die Jungen gesagt. Jetzt hielt sie sich so gut in Ordnung, nicht nur wegen dieser dummen Vorstellung von der Polizei, die beim Auffinden ihrer Leiche sagen würde: »Wie sauber ihre Wohnung ist.« Das war eine Ausrede. Eine Ausrede für die Polizei. Nur der Himmel konnte wissen, wie eitel sie in Wahrheit war. Es ist etwas, was über die Körperlichkeit hinausgeht, etwas so Tiefgreifendes, schrecklich tief. Nicht einmal die Verzweiflung könnte so tief sein. Aber dann zuckt sie auf einmal zusammen, denn wenn sie es recht bedenkt, ist ja die Eitelkeit der Alten vielleicht nichts anderes als Verzweiflung. Ihre dünnen Haare verfärben sich von Blau zu Aschgrau, ihre blauen Augen zu Aschgrau und Gelb, die Augen, die den Ehemann mit Trotz und himmlischer Überlegenheit ansehen.

Auch heute bläst der Föhn. Kurt hat sich die Jacke ausgezogen. Dieses Föhnklima ist aufreizend. Die

Blumen zermürbt von der frühzeitigen Hitze, unbefriedigte Stempel in den Blütenblättern. Kurt spricht mit sich selbst. Verena näht. Bis zur Vesper sind es noch sechs Stunden. Kurt stützt die Hände aufs Fensterbrett. Der Vogel scheint zu tanzen, er zeichnet eine Ellipse. Kurt hat bereits ein Bein über das Fensterbrett geschwungen, jetzt folgt auch das andere. Leichter als ein Gedanke ist sein Körper. Jetzt liegt er unten. Mit maßvoller und bedächtiger Geste legt Verena ihre Näharbeit beiseite. Wie sie schauen auch alle anderen Bewohner aus dem Fenster. Und es ist merkwürdig, denkt Verena, sie scheinen eine Tiara auf dem Kopf zu haben. Sie hängt die Jacke ihres Mannes auf. Sie will keine Unordnung. Sie schiebt den Sessel auf seinen Platz zurück. Sie ist bereit, die Beileidsbekundungen entgegenzunehmen.

III Die Hausbewohner tragen festliche Trauerkleidung. Sie legen Wert auf Eleganz. Außerdem wissen sie, daß bei solchen Anlässen, einer Beerdigung, jeder auf den anderen blickt, um Vergleiche zu ziehen. Oder um zu sehen, wie weit man ist. Nach einem hastigen zehnminütigen Spaziergang haben sie den gemeinsamen Garten betreten. Die Schollen warten. Verena und die Alten sind ungeduldig.

Verena steht ein wenig abseits. Man drückt ihr die Hände. Man bedauert, daß die goldene Hochzeit nicht stattgefunden hat. »Es tut uns leid.« In ihren Stimmen liegt keine Ergriffenheit. Während der ersten Tage benimmt sich Verena, als wäre ihr Mann zu Hause. Sie muß sich nicht zerknirscht zeigen. Nach ein paar Wochen bewegt sie sich, als gäbe es ein Publikum, das sie beobachtet. Herausfordernd beugt sie sich über ihre Näharbeit, als hielte sie einen Dolch. Die anderen halten keine Nadel in der Hand, sondern sitzen vor ihr wie in einem Gerichtssaal. Ein Gericht ist es, wovon Verena immer geträumt hat. Sie ist die Angeklagte. Verena die Mörderin. Sie trägt ein schlichtes Kleid, das ihr bis zu den Knöcheln reicht. Die Schuhe sind schwarz. Kein einziges Schmuckstück. Schmuck hat sie nie besessen. Nur ihren goldenen Ehering. Verena hebt die Hand, um zu zeigen, daß sie nur den goldenen Ring hat. Und die Ehe.

Erst jetzt, als Greisin, meint sie, die Wahrheit sagen zu müssen. Wenn man alt ist, denkt sie, muß man die Wahrheit sagen, die wahren Absichten offenbaren. Verena muß ihre Gedanken ausbreiten. Wie ein fahrender Händler seine Ware. Verena faßt sich an den Kopf. Wie intelligent dieses Ding ist, das dünne blaue Haare bedecken, und wie ihre Stirn, die sich in langen Jahren getrübt hat, wieder klar geworden

ist. Jetzt, nachdem er aus dem Fenster gefallen ist.
Nach einem Unglück wird alles so klar, so deutlich.
Die Gedanken steigen auf wie das Feuer in ihrem
Küchenofen. Und sie will zeigen, wie eine einfache,
alte Frau... (Auch wenn die beiden Wörter, einfach
und alt, so lächerlich und dumm sind: ein alter
Mensch ist nie einfach, und sie ganz bestimmt nicht.
Sie passen nicht zu ihr.)
Verena Kuster hat ihrem Mann geholfen, sich aus
dem Fenster zu stürzen. Sie kann verstehen, daß
sich im Gerichtssaal Verwunderung regt. Verblüffung, wie diese unbedeutende Frau wenige Tage vor
ihrer goldenen Hochzeit ihren Mann mit dem Tod
bestrafen konnte. Es gelingt ihr, die Aufmerksamkeit des Publikums auf ihre Erzählung zu lenken.
Sie sagte dem Richter, ihr Mann habe sich eingebildet, sie sei krank. Sie erzählt von ihrem Mann, so
deprimiert und verschroben, als er überzeugt war,
sie sei verloren. Und wie niedergeschlagen er schien,
als er erfuhr, daß sie keineswegs krank war.
Das ist es, was sie ihm nicht verzeihen konnte. Kurt,
sagt Verena mit ihrer vernünftigen und kühlen
Stimme, war verbittert, weil sie gesund war. Und
enttäuscht. Vom Schicksal enttäuscht. Kann sie mit
einem Mann weiter zusammenleben, der verbittert
ist, weil sie nicht stirbt? Verena würde diese Frage
dem Gericht stellen. Verena stellte sie sich, während
sie stopfte. An dem Tag sagte ihr Mann wie ein
Wahnsinniger immer wieder, er würde von diesem

merkwürdigen Flugtier gerufen, und er sei überzeugt, daß der fliegende Herr (jetzt war es ein Herr geworden), der Vogel, von seiner Himmelsbahn abgekommen sei. Niemand hat es gesehen. Sie hat keine Zeugen, die Frau. Sie selbst sagt aus übergroßer Wahrheitsliebe, was sie vorhatte. Verena ist gewissenhaft, genauso, wie sie ihre Stoffe näht, so fügt sie jetzt Worte und Gedanken zusammen. Der Mord war die schönste Stickerei ihres Lebens. Sie hörte den Beifall. Wie viele Frauen würden auf diese Weise ihren Mann ermorden, ohne Mörderinnen zu sein? Im Grunde hat sie ihm zu seinem Traum verholfen. Zur Verwirklichung eines Traums. Kurt wollte fliegen. Und um zu fliegen, sagte Verena im Gerichtssaal in sachlichem Ton, muß man fallen. Auf der Straße nahm ein Unbekannter den Hut ab, als er ihr begegnete. Die Leute von Tiefencastel grüßen Menschen, denen ein Unglück widerfahren ist. Kleine Kinder laufen ihr nach, sie wollen das Gesicht der Frau sehen, die behauptet, sie habe ihrem Mann geholfen, aus dem Fenster zu fallen. Während ihres gesamten Daseins hat sie ihre seidenen Nachthemden geschont, die sie vor der Hochzeit gekauft hatte. Jetzt hat sie keine Hemmungen mehr. Und ihrem knochigen Leib stehen sie vielleicht jetzt noch besser als früher. Jetzt fühlte sie sich sicher, sie zu tragen, sie empfand ein gewisses sinnliches Vergnügen dabei, ihre seidenumhüllten Knochen zu spüren. Ich trage diese Nachthemden,

sagte sie, für mich selbst. Ihr gesamtes Alter war für sie selbst. Endlich war sie in ihrem Körper zu Hause. Und als Krönung ihres Körpers ihr kleiner, flaumiger Kopf. Die Augen zwei Lichter. Ein Totem. Und in das Totem einzuziehen, das ist in der Tat Eitelkeit. Sie brauchte keine Spiegel mehr. Ein Totem spiegelt sich nicht. Es ist in die Erde gerammt. Ihr Haar bewegt sich im Wind, im Föhn. Frau Verena taucht den Zeigefinger in die runde Büchse mit Rouge und färbt sich die Wangen. Und den Mund. Sie ist jetzt schöner als früher.
Man hat sie nicht verurteilt, nicht einmal wegen unterlassener Hilfeleistung gegenüber ihrem Mann. Man hat sie nur beleidigt, weil man ihre Worte für Geschwätz hielt, das Geschwätz einer eitlen Greisin. Und in einem derart demokratischen Land wird die Eitelkeit bestraft. Auch die Aneignung eines nicht begangenen Verbrechens ist strafbar. Das ist es, was Verena denkt, ehe sie einschläft. Den Mann aus dem Fenster zu stoßen, mit Hilfe von Worten, Überredung, ist eine Form von Spiritualität. Das hat sie gestanden – und auch das Geständnis eines bösen Gedankens, eines mörderischen Gedankens, aber ohne handfeste Beweise, ist Spiritualität... Sie hat sich dem Himmel genähert, sie wurde von den Menschen herabgewürdigt, die ihren Worten nicht glauben wollten.
Verena ist heiter. Jetzt betrachtet auch sie den Himmel, dort, wo ihr Mann ihn betrachtet hat. Eines Ta-

ges wird vielleicht auch sie sich hinausstürzen, um dem Himmel noch näher zu sein. Aber, denkt Verena, wenn sie sich aus dem Fenster stürzt, lädt sie Schuld auf sich. Und sie will in aller Ruhe sühnen. So gefällt es ihr.